U0084042

序　文

本書由前篇和後篇兩部分組成。

在前篇裡，將迄今不爲人所知的九十六篇歐陽脩新發現書簡，於第二章中整理公開。在第一章中，就此新發現書簡存於何處，是如何流傳至今，卻又爲何全然不爲世人所知，這些基本問題進行考察，以此作爲第二章中解讀九十六篇書簡時的解說。第三章和第四章是對此次新發現書簡的專題研究。在第五章和第六章中，對南宋周必大所編纂《歐陽文忠公集》原刻本進行了考察，並對存有九十六篇書簡的天理本《歐陽文忠公集》進行了相關研究。在第五章第六章中所進行的歐陽脩全集《歐陽文忠公集》的版本研究，成爲了這次新發現九十六篇書簡的契機。具體來說，就是在尋找周必大原刻本的過程當中，偶然在天理本《歐陽文忠公集》中發現了這九十六篇書簡。本書的前篇，即由這新發現的九十六篇書簡，與書簡相關之研究構成。

後篇裡面，在第一、二、三章中，從計量語言學的角度，對歐陽脩文章進行了相關考論。截至目前，歐陽脩研究雖朝許多方向展開，但從計量語言學角度出發的論文則尚未得見，這可以說是一個很新的視角。第四章是針對歐陽脩詞作的作僞之說，進行了相關考察。第五章對歐陽脩在日本的接受史進行研究，尤其側重於江戶時代的考察。第六章是對近年陸續出版的幾種歐陽脩全集進行的考察。

本書因收錄世人未曉的歐陽脩九十六篇書簡，及其相關的全新研究，並從計量語言學這一全新角度來研究歐陽脩文章，可以說既有新材料，又有新視角，故本書名之爲《歐陽脩研究新見——新發現書簡九十六篇》。

序　文

〈前　篇〉

目
次

前　篇

第一章　歐陽脩書簡九十六篇之發現

緒　言

　　現今傳世的歐陽脩作品，除了《詩本義》、《五代史記》（即《新五代史》）、《太常因革禮》、《新唐書》等幾部單行本著作之外，其餘基本上都已被收錄至一百五十三卷本的《歐陽文忠公集》中。清代歐陽衡在嘉慶二十四年（一八一九）重刻《歐陽文忠公全集》時，從唐順之《荊川稗編》中發現了〈本末論〉、〈時世論〉、〈闕論〉、〈魯問〉、〈序問〉等數篇，再加上〈與黃謂〉和〈與李吉州〉兩篇，共補入了七篇新作品。李逸安在《歐陽修全集》的〈序言〉中指出：「這些都是別本所無的。」肯定了這些補遺作品的價值〔註1〕。

　　也就是說，從南宋初刊《歐陽文忠公集》以來，再經過明清之多次重刻，除了歐陽衡所發現的七篇新作品，《歐陽文忠公集》所收的作品數量並沒有變化過。也正因為如此，估計從未有人想像過，像歐陽脩這麼一位千年之前的大文豪，竟然還會有一大批作品尚未能為人所知。

　　然而，筆者卻在最近，發現了一批尚未為人所知的歐陽脩新出書簡，數量多達九十六篇。該批書簡的發現，對於我們澄清南宋時期《歐陽文忠公集》之刊刻以及諸版本的系譜有著至關重要的作用。基於此，本文旨在介紹這九十六篇新出書簡文之發現始末，擬對這批作品為何能夠保存至今，又為何未能為歷代學者所發現，發表自己的一些淺見，同時也藉此機會介紹一些新出書簡的情況。

〔註1〕參見李逸安《歐陽修全集》〈前言〉（北京：中華書局，二○○一年）。

第一節　一百五十三卷本《歐陽文忠公集》之刊刻過程

歐陽脩全集之整理與刊刻，最早可追溯至南宋周必大（一一二四～一二○四）。周必大從紹興二年（一一九一）至慶元二年（一一九六），在孫謙益、丁朝佐、曾三異、胡柯等文人的幫助下，花費了六年時間，整理編校刊刻出一百五十三卷本的《歐陽文忠公集》〔註2〕。這個本子的卷次排列如下：

> 《居士集》五十卷、《居士外集》二十五卷、《易童子問》三卷、《外制集》三卷、《內制集》八卷、《表奏書啓四六集》七卷、《奏議集》十八卷、《雜著述》十九卷（按，此十九卷包括《河東奉使奏草》二卷、《河北奉使奏草》二卷、《奏事錄》一卷、《濮議》四卷、《崇文總目敍釋》一卷、《于役志》一卷、《歸田錄》二卷、《詩話》一卷、《筆說》一卷、《試筆》一卷、《近體樂府》三卷）、《集古錄跋尾》十卷、《書簡》十卷

如果將以上卷次與吳充於熙寧六年（一○七三，即歐陽脩去世之翌年）所撰〈行狀〉做一個比較的話，就不難發現，周必大刊本中的一些卷帙，有一些並非歐陽脩本人所編。現將吳充文中相關部分轉錄於下：

> 嘗著《易童子問》三卷、《詩本義》十四卷、《居士集》五十卷、《歸榮集》一卷、《外制集》三卷、《內制集》八卷、《奏議集》十八卷、《四六集》七卷、《集古錄跋尾》十卷、《雜著述》十九卷。

眾所周知，《詩本義》是獨立於全集之外的單行本。除此之外，將吳充所列的書目與周必大編校的《歐陽文忠公集》卷次相比較，可知吳充所列的《易童子問》、《居士集》等部分基本上沒有變化，而直接被收進了周必大刻本之中。周必大刻本中的《居士外集》二十五卷以及《書簡》十卷，則在吳充撰文時則還未問世〔註3〕。

讓我們再來看看蘇轍寫於歐陽脩卒後三十四年（崇寧五年，一一○六）的《歐陽文忠公神道碑》中的相關記載，其文如下：

> 凡爲《易童子問》三卷、《詩本義》十四卷、《唐本紀表志》七十五

〔註2〕根據《歐陽文忠公集》卷末附有編定校正者、覆校者名單。「編定校正」者有孫謙益、丁朝佐、曾三異、胡柯四人。「覆校」者有葛漈、王伯芻、朱岑、胡炳、曾煥、胡渙、劉贊、羅泌之八人。

〔註3〕吳充〈行狀〉所記的《歸榮集》一卷，未被收入一百五十三卷本《歐陽文忠公集》。對於此，胡柯在《廬陵歐陽文忠公年譜》云：「考公行狀，惟缺《歸榮集》一卷。往往散在《外集》，更俟博求。」指出《歸榮集》極有可能已經被編入了二十五卷《居士外集》之中。

卷、《五代史》七十四卷、《居士集》五十卷、《外集》若干卷、《歸
榮集》一卷、《外制集》三卷、《內制集》八卷、《奏議集》十八卷、
《四六集》七卷、《集古錄跋尾》十卷、《雜著述》十九卷。

由此又可看出，此時已編輯有《外集》若干卷。

與《外集》有所關聯的史料，還可舉出李之儀的〈歐陽文忠公別集後序〉，其文云：「汝陰王樂道與其子性之……得公家集所不載者，集爲二十卷。余幸得而觀之。……政和四年三月十三日，趙郡李之儀書。」此序文標題裏的「別集」，當指的就是「外集」〔註4〕。由文末的記載可知，撰寫此文的時間爲政和四年（一一一四），也就是說，從熙寧六年吳充〈行狀〉所云「其遺逸不錄者，尙數百篇」，「別爲編集而未及成」的狀態，到大約四十年後李之儀撰寫〈歐陽文忠公別集後序〉之時，《外集》（《別集》）已經有二十卷之多了。

透過以上所考，可知在歐陽脩去世後翌年尙未編成的《居士外集》二十五卷與《書簡》十卷中，《居士外集》到周必大等人刊刻《歐陽文忠公集》之前已經被編成了二十卷。周必大在編刻這一部分時，基本上是繼承了前人的成果。另一方面，《書簡》十卷部分，從歐陽脩去世後翌年吳充撰寫的〈行狀〉，到三十四年後的蘇轍《歐陽文忠公神道碑》，再到淳熙十四年（一一八七）以前成書的晁公武《郡齋讀書志》，則一直未見有所敘錄。意即，周必大在編刻《歐陽文忠公集》之時，其《書簡》十卷部分尙未存在，乃是周必大等人整理編輯而成的。對此，周必大在《歐陽文忠公集》卷一百五十三（《書簡》卷十）之卷末留下了如下之意味深長的校語：

雖並註歲月，而先後間有差互。既已誤刊，重於改易，姑附註其下。
又不可知則闕之。

此校語乃是周必大對於《書簡》十卷編刻之總括語。周必大提到已刊之書簡文下所註之年月，或有錯誤者，或有不可考證者。周必大直言翻刻時不乏有謬誤或缺脫，姑且存疑。也就是說，這一《書簡》部分的編輯，至少對於周

〔註4〕將《別集》視爲《外集》，有如下理由。《歐陽文忠公集》一百五十三卷的細目裏，如前所見，其收錄順序爲《居士集》五十卷、《居士外集》二十五卷、《易童子問》三卷……《書簡》十卷。與此相關，《宋史》卷二百八〈藝文志〉載：《歐陽脩集》五十卷、又《別集》二十卷。此處《歐陽脩集》五十卷當是《居士集》五十卷，亦可見當時《居士集》這一名稱並未固定下來。因此，《外集》（居士外集）被稱爲《別集》，在當時亦不足爲奇。另外，現在並未見有傳歐陽脩《別集》二十卷，綜合考量，李之儀所說《別集》，當爲今日之《外集》（居士外集）。

必大等人來說，無論是在作品的收集上，還是在作品的考證上，均屬於一個未能盡善的工作。

綜上所述，一百五十三卷《歐陽文忠公集》之中，除了《書簡》部分，其他卷帙多少都已成型。因此，周必大等人在刊刻這些部分之時，因為有底本的存在，所以可以將精力集中到嚴密的文字校勘上。而《書簡》十卷部分，在周必大編刻全集之前並未成編，乃是由周必大等人初次編撰補入。因此這一部分就難以像其他部分那樣，達到比較完美的狀態，相對的也就難免存在著較多的遺漏。

第二節　周必大原刻本《歐陽文忠公集》與《書簡》所收作品數

接下來讓我們來回顧一下，周必大所編刻的《歐陽文忠公集》，在南宋時代是採取一種什麼樣的形式來進行復刻的。現存被看作是周必大初刻本《歐陽文忠公集》而被記錄於各類圖錄書籍之中的，大致有中國國家圖書館（下稱國圖本）、日本的宮內廳書陵部（下稱宮內廳本）以及天理大學附屬天理圖書館（下稱天理本）等幾個藏本。

首先，在《北京圖書館古籍善本書目》中，記錄了如下被看作為周必大原刻本的三個本子（為了便於閱讀，在引用文前附上（1）～（3）之編號）〔註5〕。

(1)《歐陽文忠公集》一百五十三卷　宋歐陽脩撰　附錄五卷　宋慶元二年周必大刻本〔卷三至六、三十八至四十四、六十一至六十三、九十五、一百三十四至一百四十三配明抄本〕四十六冊

(2)《歐陽文忠公集》一百五十三卷　宋歐陽脩撰　宋慶元二年周必大刻本〔卷六十二至六十五配抄本〕十六冊　存四十卷　四至七　五十五至六十七　七十二至七十三　八十七至八十九　一百十二至一百十七　一百二十至一百二十四　一百四十六　一百四十八　一百四十九至一百五十三

(3)《歐陽文忠公集》一百五十三卷　宋歐陽脩撰　宋慶元二年周必大刻本三冊　存五卷　五十二至五十四　九十六　一百十九

〔註5〕《北京圖書館古籍善本書目》（北京：書目出版社，一九八七年）。

　　此三本爲同一版本，與（2）存四十卷、（3）存五卷相比，（1）之一百五十三卷中僅缺二十五卷，可以說基本保存了《歐陽文忠公集》之原型，被視爲中國國家圖書館善本中的代表。因此，爲行文方便，後文所言「國圖本」者，皆指此編號爲（1）的國圖本。

　　宮內廳本現存卷二十四至卷二十九、卷三十五至卷四十五、卷七十六至卷八十九、卷九十三至卷百十、卷百十六至卷百二十五、卷百三十二至卷百三十三、卷百四十七、卷百四十九至卷百五十三，共計六十七卷。《圖書寮典籍解題・漢籍篇》云：

> 陳振孫《書錄解題》著錄《六一居士集》一百五十二（按，「二」字從原文，當爲「三」）卷，周益公解相印歸，用諸本編校，定爲此本，且爲之年譜。自《居士集》、《外集》而下，至於《書簡集》凡十，各刊之家塾。即本書也。〔註6〕

認爲宮內廳本乃周必大辭官之後所編刻之物，即將其視爲周必大原刻本。

　　天理本一百五十三卷之中，原缺卷三十五至卷四十第一葉、卷七十三第十八葉至卷八十五、卷九十三第一葉至第五葉、卷九十四第二十六葉至第二十九葉、卷百四十第一葉至第十六葉。也就是說，一百五十三卷之中，屬於後人補寫的只有二十二卷，大致保留了南宋刊本的原型，於一九五二年被指定爲了日本的國寶。此書原藏於金澤文庫，其後轉入京都堀川伊藤家，現藏於天理圖書館。對於此本，文化廳監修的《國寶》亦將其當作爲周必大原刻本，其原文如下：

> 本書爲宋刊本，本文百五十三卷，附錄五卷，共三十九冊。……本書當屬於慶元二年初刻本〔註7〕。

筆者對這三個本子之刻工名字進行了調查。現將三本之中均存的卷八十八（《內制集》卷七）刻工名字，制成一覽表列於下，以供大家參考。

（表一）

天理本	宮內廳本	國圖本	（頁）
全元	懋	懋	1
全元	懋	懋	2

〔註6〕《圖書寮典籍解題・漢籍篇》（東京：大藏省印刷局，一九六○年）。
〔註7〕文化廳監修《國寶》（東京：每日新聞社，一九八四年）。

全元	銑	銑	3
全元	銑	銑	4
全元	武	武	5
全元	武	武	6
全元	臻	臻	7
全元	臻	臻	8
全元	通	通	9
全元	通	通	10
全元	俊	俊	11
全元	俊	俊	12
全元	文	文	13
全元	文	文	14
全元	吳仲	吳仲	15
全元	吳	吳	16

　　不難看出，國圖本與宮內廳本的刻工名字完全一致，與天理本則完全不同。據此，基本上可以確定國圖本與宮內廳本乃屬於同一版刻本，與天理本則爲不同版刻本。上引國圖本及天理本之目錄解題，均主張各自所藏本爲周必大慶元二年初刻本，然其刻工之名既然迥異，乃知至少其中一本不可能是周必大慶元二年初刻本，甚至有可能三本均非慶元二年初刻本。對此，筆者已經撰文指出，這兩個系統的本子，確實均非周必大初刻本，屬於周必大原刻本的，乃是中國國家圖書館藏鄧邦述跋本，而國圖本、宮內廳本及天理本則是以原刻本爲底本的遞修本〔註8〕。

　　爲何稱鄧邦述跋本爲周必大原刻本？如果翻開《居士集》卷二十（《歐陽文忠公集》卷二十）便一目了然。此卷最末一篇作品是歐陽脩爲范仲淹撰寫的《資政殿學士戶部侍郎文正范公神道碑銘》。在《資政殿學士戶部侍郎文正范公神道碑銘》文末空一行，首先刻有以下三行文字：

　　　《居士集》卷二十

──────────────────

〔註8〕相關考證參見拙稿〈周必大原刻本『歐陽文忠公集』百五十三卷について〉收入《中國文學論集》第四十號（福岡：九州大學中國文學會，二〇一一年）。又，鄧邦述跋本，〔註5〕《北京圖書館古籍善本書目》云：「歐陽文忠公集一百五十三卷　宋歐陽脩撰　宋刻本　鄧邦述跋　四冊　存四卷　二十至二十三卷」。

熙寧五年秋七月男發等編定
紹熙二年三月郡人孫謙益校正

「熙寧五年秋七月男發等編定」，是指歐陽脩熙寧五年（一〇七二）閏七月去世之前，其子發等爲其整理編定《居士集》五十卷一事，五十卷《居士集》各卷末俱有這一條文字。其次「紹熙二年三月郡人孫謙益校正」，則是指周必大於紹熙二年（一一九一）年編刻的《歐陽文忠公集》，此卷之校正工作乃孫謙益所承擔，此條文字同樣見於《居士集》各卷之卷末。《居士集》各卷末均刻有這三條文字，格式亦完全相同。由此可知，周必大在刊刻《歐陽文忠公集》時，孫謙益一人承擔了五十卷《居士集》的全部校正工作。鄧邦述跋本則是在這些記載後面沒有任何其他文字，全爲空白欄。

可是，國圖本與天理本在「紹熙二年三月郡人孫謙益校正」條後，又頂格刻印了如下文字：

> 《范文正公神道碑》，自公坐呂公貶，群士大夫各持二公曲直。呂公患之，凡直公者，皆指爲黨，或坐竄逐。及呂公復相，公亦再起被用。於是二公驩然相約，戮力平賊。天下之士皆以此多二公。然朋黨之論遂起，而不能止。

這段文字乃《資政殿學士戶部侍郎文正范公神道碑銘》原文的一部分。此後又刻有「按司馬文正公《記聞》，景祐中，呂許公執政。范文正公知開封，屢攻呂短，坐落職知饒州。……又蘇文定公《龍川志》，范文正自饒州還朝……又《邵氏聞見錄》，當時，文正子堯夫不以爲然……陳無己《談叢》敘二公曲折，未必盡然……無己謂歸重而自訟，過矣」。這一段文字乃是對應《資政殿學士戶部侍郎文正范公神道碑銘》中「及呂公復相，公亦再起被用。於是二公驩然相約，戮力平賊」的一段話，轉引了《涑水記聞》、《龍川別志》、《邵氏聞見錄》、《後山談叢》等宋人筆記中的相關記載。

那麼，這段「《范文正公神道碑》……無己謂歸重而自訟，過矣」，是否爲周必大編刻《歐陽文忠公集》時所刊入的文字呢？首先，「紹熙二年三月郡人孫謙益校正」以後的文字爲誰所加並不清楚。其次，如果是周必大編刻時加入的文字的話，按理也應該刻在《資政殿學士戶部侍郎文正范公神道碑銘》之後，斷無再將原文又重刻一段，放到「紹熙二年三月郡人孫謙益校正」刊記後面之理。換言之，此處先引《范公神道碑銘》的部分碑文，再補入後人記載，使其成爲獨立的一段文字。顯然，這不是周必大在進行全集編纂時所

刻入文字。也就是說，周必大原刻本當是在「《居士集》卷二十　熙寧五年秋七月男發等編定　紹熙二年三月郡人孫謙益校正」處則已經完結。基本上可以斷定，刊記以後的文字，是後人重刻時增補的。

在這裏我們可以介紹一下《書簡》十卷的刊刻形態。首先，各卷的卷末均刻有「《書簡》卷第○」之標記，到此為止的部分，與前述《居士集》卷二十相同，當屬於周必大原刻本的內容。「《書簡》卷第○」後所附勘記，嚴格上來說這一部分也應當是周必大原刻本的內容。此後再刻入的書簡文，則無疑當是後人重刻時補入的。換句話說，如果「《書簡》卷第○」與勘記之後，還有補入了的書簡文，我們則基本可以斷定，這種形態的本子絕非周必大原刻本，而是以周必大原刻本為底本的遞修本。

接下來，我們可以將現存諸本《書簡》部分所收作品列表於下（宮內廳本《書簡》原缺四卷，又與國圖本為同一系統本，因此下表只列國圖本）：

（表二・諸本《書簡》卷一至卷十所收作品數一覽表）

	周必大原刻本	國圖本	天理本
《書簡》卷一	51	51＋0	51＋0＋0
《書簡》卷二	56	56＋5	56＋5＋*39*
《書簡》卷三	48	48＋0	48＋0＋*2*
《書簡》卷四	41	41＋1	41＋1＋0
《書簡》卷五	61	61＋1	61＋1＋*14*
《書簡》卷六	46	46＋0	46＋0＋1
《書簡》卷七	45	45＋2	45＋2＋*2*
《書簡》卷八	34	34＋6	34＋6＋*12*
《書簡》卷九	49	49＋4	49＋4＋*22*
《書簡》卷十	22	22＋0	22＋0＋*4*

按，上表國圖本與天理本中「＋」以後的數字為原刻本所沒有的作品總數。由上表可以清楚地看出，國圖本在周必大刻本的基礎上有過一定的遞補，而天理本又在國圖本的基礎上做了進一步的補充，這一部分，就是今日學界所未知的歐陽脩之新出書簡。如卷二，周必大原刻本有五十六篇，國圖本增加了五篇，天理本則再增加了三十九篇。另外，由上表的統計可知，十卷《書簡》，國圖本共補入了十九篇作品，而天理本，則在國圖本的基礎上又新刻入

了多達九十六篇的作品！〔註9〕

　　由此可知，周必大在刊刻《歐陽文忠公集》時，《書簡》十卷部分的編撰
並不十分完善，尚存在著許多新發現的書簡。此後歷次重刻時，由於不斷有
新發現的書簡加入，這才形成了上述三個版本之形態。

第三節　明代內府本《歐陽文忠公集》之編纂

　　在考察現今留存的歐陽脩書簡時，必須先對南宋本《歐陽文忠公集》於
宋後的流傳過程做一個梳理。學界一般認爲由宋入元之後《歐陽文忠公集》
亦曾被上梓。這個元刊系統本現被收入《四部叢刊》〔註10〕。《四部叢刊》本
之扉頁標有「上海涵芬樓景印元刊本」。然而，近年森山秀二考證這個本子的
底本並非元刊本，而是明代內府本〔註11〕。也就是說，在考證歐陽脩書簡文
之流傳過程時，明代內府本就成爲了一個關鍵。

　　對於這個內府本，明代楊士奇在〈恭題賜本歐陽文忠公集後〉中提到：

> 《歐陽文忠公集》在宋有數本。惟周益公家所編刻者最精備。此本
> 近年新刻於春坊。時東宮殿下監國之暇，究心經史，而凡歷代名臣
> 奏疏，悉取覽閱。尤愛文忠議論切直，文章淳雅，遂命刻之板成。

由此可知，明代第四代皇帝仁宗待位東宮之時，因愛好歐文「議論切直，文
章淳雅」，乃命人刊刻全集。此外，李紹在〈重刊蘇文忠公全集序〉中對此事
也略有談及：

> 歐陽文惟歐所自選《居士集》，大蘇文惟呂東萊所編文選，與前數家
> 並行。然僅十中之一二，求其全集，則宋時刻本雖存，而藏於內閣。
> 仁廟亦嘗命工翻刻，而歐集止以賜二三大臣。

這裏談到了明代內府本之底本乃是宮內所藏南宋本。這個內府本現已不存，

〔註9〕考國圖本、天理本是采取什麽樣的基准來分卷增補散佚書簡文的，當是將後
　　　　出之書簡文添入與原卷中存有相關書簡（比如同一收信者）的卷次。諸如，
　　　　國圖本卷二末增補的書簡爲寫給蘇頌、杜衍的，寫給此兩人的書簡文正是原
　　　　就被收入在卷二。天理本卷二再添的書簡爲寫給呂公著、孫沔、王安石、韓
　　　　維、韓絳等人，與這些人的書簡文也正是原就被收入在了卷二。
〔註10〕《四部叢刊》（上海：上海商務印書館，一九一九年）。本書所參考的《四部
　　　　叢刊》均據此版本。
〔註11〕參見森山秀二〈元刊本『歐陽文忠公集』を巡って〉，收入《經濟學季報》第
　　　　五十一卷一號（東京：立正大學經濟學會，二〇〇一年）。

但從承繼它而來的弘治五年（一四九二）重修本（靜嘉堂文庫所藏本）的調查可以看出（南宋本爲「半頁十行，十六字」、弘治重修本爲「半頁十行，二十字」），明版本並非宋刻本的復刻本，而是在南宋本的基礎上整理重刻的一個新版本。在書簡這一部分，南宋本之「書簡本文/書簡卷第○／校勘文/後遞補之書簡本文及校勘文」之形式，被調整爲「書簡本文／書簡卷第○／校勘文」，將南宋後出本所遞補的部分直接併入本卷本文之中。如果再對明代內府本所並入本卷之遞補書簡文做一個詳細的調查，我們又可以發現其底本乃是現存之國圖系統本。也就是說，內府本《歐陽文忠公集》是將前節表二所見在國圖本新增的十九篇書簡直接併入本卷本文，然後再加以校勘整理後編纂而成。前引李紹文中所云之「宋時刻本」，其實就是指現存之國圖系統本。據此，我們可將明代內府本以後的《歐陽文忠公集》整理爲如下之譜系圖。

明代內府本之後的《歐陽文忠公集》系統圖

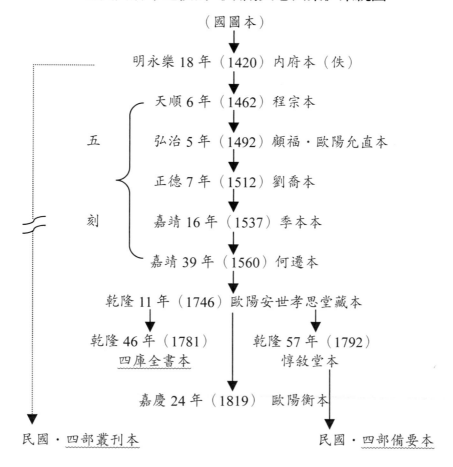

（國圖本）

明永樂 18 年（1420）內府本（佚）

天順 6 年（1462）程宗本

弘治 5 年（1492）顧福・歐陽允直本

正德 7 年（1512）劉喬本

嘉靖 16 年（1537）季本本

五刻

嘉靖 39 年（1560）何遷本

乾隆 11 年（1746）歐陽安世孝思堂藏本

乾隆 46 年（1781）四庫全書本

乾隆 57 年（1792）惇敍堂本

嘉慶 24 年（1819）歐陽衡本

民國・四部叢刊本

民國・四部備要本

又，根據森山氏的考證，可以知道《四部叢刊》本乃是據明代內府本翻刻而成〔註12〕。森山氏還在文中進一步指出：「在吉安刊刻之程宗刻本後的五本，基本上都是忠實繼承此本之訂修、重修之物。」此外，王嵐《宋人文集編刻流傳叢考》指出，《四部備要》本則是以乾隆五十七年惇敍堂本爲底本〔註13〕。在綜合既有研究的基礎上，我們可以繪製出以上「明代內府本以後的《歐陽文忠公集》系統圖」。總的來說，今日所流傳的《四庫全書》本、《四部叢刊》本、《四部備要》本《歐陽文忠公集》，追本溯源，其底本都是明代內府本。

第四節　新見歐陽脩書簡九十六篇不傳之原因

由上文之考證可知，明代內府本《歐陽文忠公集》乃是以國圖系統本爲底本編纂而成。因此，國圖本所遞補的十九篇書簡文（參照表二），也同樣被收入了明代內府本。另一方面，天理本所刊刻時進一步遞補的九十六篇書簡文（參見表二），則沒有能夠被明代內府本所繼承，從而不爲明代以後各本所傳，因而隱沒於世，不爲學界所知。

所幸，天理本雖在中國沒有傳世，卻在日本被保存下來。這是因爲南宋理宗開慶元年（一二五九）左右，鎌倉幕府在設置金澤文庫時，曾赴大陸購入大批書籍，其中就包括了一百五十八卷本《歐陽文忠公集》（含附錄五卷）〔註14〕，也就是現存的天理本。而在中國，由於戰亂等原因，這個本子失傳了，未能傳入明代內府〔註15〕。

〔註12〕 參見〔註11〕所引森山論文。

〔註13〕 關於四部備要本之譜系，可參見王嵐《宋人文集編刻流傳叢考》（南京：江蘇古籍出版社，二〇〇三年）。不過，王嵐亦將國圖本視爲周必大原刻本，所以王著九八頁所載譜系表有很多地方應該予以修正。

〔註14〕 有關鎌倉幕府從大陸購入書籍之詳細考證，可參見陳翀〈兩宋時期刻本東傳日本考——兼論金澤文庫之創建經緯〉收入《西華大學學報（哲學社會科學版）》第二十九卷第三期，（成都：西華大學，二〇一〇年）。

〔註15〕 不過，此本雖未傳入明代內府，但在中國並未完全消失。《北京圖書館古籍善本書目》所記載中國國家圖書本所藏十本南宋本中，根據筆者的調查，其中敍錄爲「歐陽文忠公集一百五十三卷　宋歐陽脩撰　宋刻本二冊存九卷　九十七至一百一　一百五十至一百五十三」當與天理本屬於同一系統本。由於該本僅存九卷，只保留了天理本新見九十六篇書簡中的三十六篇。不過，由此亦可證明這次所發現的九十六篇新出書簡並非日本文人之僞刻。

金澤文庫舊藏的《歐陽文忠公集》，在經京都堀川的伊藤家收藏之後，被購入了天理大學附屬天理圖書館，並於一九五二年被指定爲國寶。由此亦可看出，南宋理宗之時，天理系統本曾有過傳世，當時的文人亦可見到所遞補的九十六篇書簡文。然而，明代仁宗於皇太子時根據明代內府所藏「宋時刻本」─即國圖本─刻出《歐陽文忠公集》之後，在此本成爲定本的同時，現今的天理本在當時則沒能傳入內府。後世自明清至今編纂的種種《歐陽文忠公集》便都是以此明代內府刻本爲底本。在鎌倉幕府購進《歐陽文忠公集》的南宋開慶元年（一二五九），當時尙還可見的九十六篇歐陽脩書簡文，在後來迄今約七百五十年的時間裏，便完全消失於世人的視野了。

日本所傳天理本之版式，與前述周必大原刻本完全不同，且與國圖本略有差異。書簡部分各卷所刻最後一篇作品之後，空數行刻入「《書簡》卷第○」於卷末（至此結束，或附校勘記，則爲周必大原刻本形態），但天理本十卷之中有六卷在這「《書簡》卷第○」之後，又刻入了國圖本所遞補的書簡文，有八卷在沒有任何標示的情況下（國圖本以及天理本，有些地方註明了「續添」或「又續添」之標示），繼續又對作品以及校勘文做了遞補。因此，如果不將國圖本與天理本做一個詳細比對的話，我們根本無從知道這一部分乃是天理系統本刊刻之時所遞補的佚文。也正因爲天理本被指定爲日本國寶，通常不易見到，所以以往的學者都沒能注意到其中竟然收入了大批通行本不傳的書簡文，也就是筆者發現的這九十六篇新出書簡。

第五節　九十六篇新出書簡小考

按：這次筆者所發現的九十六篇書簡，已經校點整理成爲《歐陽脩新發見書簡九十六篇─歐陽脩全集の研究─》公諸於世〔註16〕。現將天理本下所註這些書簡的來源整理成下表，以供大家參考。

（原藏者一覽表，按天理本作品排列順序以數字代篇名）

○ 呂伯壽　1～31

◎ 汪逵外家　32～35

◎ 汪逵家　37、56、64～70、75、81、82、84

〔註16〕《歐陽脩新發見書簡九十六篇─歐陽脩全集の研究─》（東京：研文出版，二〇一三年二月）。

○ 呂■■家 39
○ 三衢范侍讀家 40
○ 舊藏興化李氏，今歸前知仙遊呂祖平家 50〜55
◎ 玉山汪季路（汪逵）家 59〜63（據周必大〈跋歐陽文忠公與張洞書〉）
○ 文恭公家，近歸石林葉氏 76〜78
○ 豫章卷雨樓續帖 79、80
○ 會稽石氏 83
○ 眞跡 93〜96（應是天理本編纂時，確認爲眞跡）
○ 石刻 36、43〜49、73
○ 履常齋石刻 42、88、89
○ 榮今堂石刻 71、72
○ 江西運司石刻 91、92
○ 未標明出自者 38、41、57、58、74、85、86、87、90

　　以上爲天理本所標明新補九十六篇書簡文的原出處（59〜63 根據周必大之記載）。原文中沒有標明出處者，通過相關文獻亦可考出。如上提周必大〈跋歐陽文忠公與張洞書〉（《平園續稿》卷九）：

　　右歐陽文忠公與張洞手書五帖。洞字仲通，開封人，晁無咎《雞肋集》有傳。任穎州推官。文忠實爲守，甚重之。<u>皇祐三年從晏元獻公辟於長安</u>。文忠時守南京，<u>答第一第二書</u>。其送行長篇，今載《居士集》第五卷。<u>明年</u>文忠丁母憂歸穎，<u>答第三書</u>。<u>至和元年</u>洞以<u>大理寺丞再從晏公於西京</u>，而文忠初服闋還京師，<u>答第四書</u>。<u>嘉祐六年</u>文忠在樞府，而洞以秘閣校理出守棣州，<u>答第五書</u>，次序皆可考。其後又爲三司度支判官，歷江西淮南轉運使，官至工部郎中，治平四年卒。此帖藏玉山汪季路家。慶元六年閏二月己亥。

　　歐陽脩寫給張洞的五封書簡，周必大在慶元六年（一二〇〇）就發現了。然而，周必大於慶元二年（一一九六）已經將《歐陽文忠公集》刊刻完成。因此，這些書簡便成爲了周必大原刻本所未能收入的散佚作品，在後來進行全集刊刻時重被補入。據周必大所記載的這些書簡，可舉出書簡 59〜63 等五封〔註17〕。

〔註17〕本文請參照〔註16〕所記拙著《歐陽脩新發見書簡九十六篇—歐陽脩全集の研究—》。

59 答張仲通書　名洞時從晏元獻公辟於長安　皇祐三年

60 又　皇祐三年

61 又　皇祐四年

62 又　時以大理寺丞再從晏公辟在西京　至和元年

63 又　時任祕閣校理出知棣州　嘉祐六年

兩相對照，可知天理本的題下註語乃是參考了周必大之文。

　　周必大在文中提到歐陽脩的這幾封寫給張洞的書簡，收藏在「玉山汪季路家」。對於汪季路，陶宗儀《南村輟耕錄》卷一五有記載如下：

汪逵，字季路，衢州人。官至端明學士，建集古堂，藏奇書秘跡、
金石遺文二千卷。

周必大所提到的汪季路，即是汪逵，曾藏有「奇書秘跡、金石遺文二千卷」。其中當也包括了歐陽脩寫給張洞的五封親筆書簡。宋代金石遺文的收藏，以歐陽脩之《集古錄》開風氣之先，經呂大臨《考古圖》到北宋末南宋初趙明誠《金石錄》而演爲一代之風潮。或許是在這個背景之下，歐陽脩的眞跡書簡也成爲後人競相收藏的珍品〔註 18〕。如果再看一下上列原藏者一覽表，可以發現與汪逵有所關聯的書簡文（標註◎者）多達二十二篇，這不能不說是一個非常有意思的現象。

　　最後，讓我們來看看這九十六篇書簡文所牽涉到的具體內容。由於篇幅有限，在這裏僅揀選幾則予以介紹。作於嘉祐三年（一〇五八）的第 10〈又（與呂正獻公）〉有文云：「王紘舉子，所存甚遠，豈易得耶？然不及蘇洵。洵之文，權變多端，然辭采燦然明白，恨未得拜呈爾。」呂正獻公即呂公著，《宋史》卷三三六〈呂公著傳〉云：「（呂公著）通判潁州，郡守歐陽脩與爲講學之友。後脩使契丹，契丹主問中國學行之士，首以公對。」可知呂公著乃是歐陽脩之論學好友，爲歐陽脩所推崇的人物之一。在上引書簡之中，歐陽脩將王紘與蘇洵相比較，認爲其文不及蘇洵，而對蘇洵之文，則贊之以「權變多端，然辭采燦然明白」，這無疑是我們今後重新考察歐蘇兩人關係的一條重要資料。

─────────────

〔註 18〕汪逵之父汪應辰也是一位有名的收藏家，特別是對於蘇軾眞跡，多有收藏。
相關考證可參照淺見洋二〈校勘から生成論へ──宋代の詩文集註釋、特に蘇
黃詩注における眞蹟・石刻の活用をめぐって──〉，收入《東洋史研究》第六
十八第一號（京都：東洋史研究會，二〇〇九年）。

　　另外，簡 10〈又（與呂正獻公）〉中所談到的王紘，歐陽脩在簡 11〈又（與呂正獻公）〉中又寫道：「王紘者，去年南省所得進士，履行純固，爲鄉里所稱。初見其答策，語辭有深識，遂置之上等。」提到因爲王紘之答策文「語辭有深識」，因此將其提爲上等。此書簡據註可知作於嘉祐三年，此前一年之嘉祐二年歐陽脩出任權知貢舉主持科考。也就是在這次科考中，歐陽脩將當時全無文名的蘇軾、蘇轍、曾鞏等人拔列金榜，引起京城一片非難。在這封信中，歐陽脩明確提到是因爲自己對王紘的賞識，才使得其能高中。通過此書簡，可以看出權知貢舉在宋代科考之中具有很大的權力。這些書簡，無疑也是考察宋代權知貢舉的一手史料。

　　接下來，讓我們來看看治平年間歐陽脩寫給蘇洵的第 57〈與蘇編禮〉，其原文如下：

57　與蘇編禮　治平■年

　　脩啓。昨日論《范公神道碑》，今錄呈。後爲其家子弟擅於石本減卻

　　數處，至今恨之。當以此本爲正也。脩再拜明允賢良。

信中所言「范公神道碑」，是指歐陽脩爲范仲淹所作《資政殿學士戶部侍郎文正范公神道碑銘》。歐陽脩在信中對蘇洵所提及的，就是指范仲淹的兒子范堯夫（純仁）擅自改動碑銘一事。對於此事，蘇轍在《龍川別志》、邵博《邵氏聞見後錄》中均有記載〔註 19〕，也可看出，這一事件在當時引起了不小的轟動。從上引書簡文可知，歐陽脩對范堯夫擅自改動文字一事非常不滿，並重錄了一份正本送給蘇洵，希望蘇洵能夠看到碑銘的原貌。

　　又，簡 88〈見履常齋石刻未知與何人〉云：「脩頓首，使至，承教惠以洛陽花、笋，笋不食十餘年，花不見二十餘年矣。其爲感宜如何？」寫到自己已經十年未嘗洛陽之笋，二十年未見洛陽之花。乍看此文乃是日常生活的一個瑣事。然而，通過這段記錄，我們可以看出：見到這些從洛陽送來的花、笋，歐陽脩是非常感動的。歐陽脩出仕不久，在二十五歲與二十八歲之間曾

〔註 19〕《邵氏聞見後錄》卷二十一云：「後歐陽公作文正神道碑云：……文正之子堯夫以爲不然。從歐陽公辯，不可，則自削去驩然、共力等語。歐陽公殊不樂，爲蘇明允云：范公碑爲其家子弟擅於石本改動文字，令人恨之。」這則記錄中提到歐陽脩對蘇洵所云之「爲其家子弟擅於石本改動文字，令人恨之」一文，正與此次發現的〈與蘇編禮〉中所記文字相同。也就是說，《邵氏聞見後錄》的作者邵博，曾經見到過歐陽脩寫給蘇洵的這封〈與蘇編禮〉，其所轉的文字，乃是言之有據。又，本文第三節所引所提的《居士集》卷二十增補部分所載《邵氏聞見錄》，當是《邵氏聞見後錄》之誤。

經在洛陽出任西京推官，且寫出過由《花品序》、《花釋名》、《風俗記》三部組成的名作《洛陽牡丹記》。三十歲左遷夷陵之時，還曾留下「曾是洛陽花下客，野芳雖晚不須嗟」（〈戲答元珍〉），歎夷陵花開之晚，而對洛陽盛開的花草奇葩念念不忘〔註20〕。由上引書簡文我們可以再次看出：歐陽脩一直懷念著在洛陽三年的美好光陰。

第六節　結　語

　　這次筆者所發現的九十六篇書簡，為古今中外學者所未見。從上所考可知，在鎌倉幕府從南宋購書的理宗之開慶元年（一二五九）年左右，這批書簡文尚能為世人所見，由此可推斷這些書簡當時在中國已有一定範圍的流傳。只是由於戰亂等種種原因，這批補遺書簡沒有被後世出版的《歐陽文忠公集》所繼承，以至於此後七百多年的歲月裡一直湮沒於世，直到今天才有機會重見天日。

　　這批被收入於天理本的歐陽脩書簡，乃是反映歐陽脩與相關北宋文人之交遊的第一手史料。通過與諸如《邵氏聞見後錄》等現存文獻的參照閱讀，可以發現：這批書簡為今後解決傳統歐陽脩研究中的某些疑難，提供了一個新的契機。

　　在進入二十一世紀之際，中華書局、巴蜀書社等出版社相繼推出了歐陽脩的全集。當然，這些全集之中沒有能夠收入這批書簡。今後如有機會重編歐陽脩全集，無疑有必要補入筆者這次所發現的作品。同時，這批書簡的發現，對於《全宋文》的補遺工作，亦有非同小可的意義。隨著這批作品的公開，筆者也期待有更多的同仁加入到研究這批作品的行列中，為推動歐陽脩研究乃至宋代文學的研究，作出更大的貢獻。

〔註20〕有關歐陽脩對於洛陽時代的印象之考證，可參見拙稿〈歐陽脩の洛陽時代〉，收入《人文學科論集》第四十八號（鹿兒島：鹿兒島大學法文學部，一九八八年）。

第二章　新見九十六篇歐陽脩書簡

1. 與呂正獻公　　　至和二年　以下三十一帖傳於蜀中正獻公元孫伯壽

脩啓。前日定力不得奉言宴，辱示諭以頭昏服藥。不審旦夕尊候何似，必已清康。時暑，更希爲道自重。脩以幼賤，累累疾病，未獲造門，豈勝瞻係！謹奉此咨問，不宣。脩再拜晦叔學士坐前。

2. 又　　　同前

脩啓。以經夏涉秋雨，喘加以痰毒、風眩，居常在告。近承已出廳，因循未遑祗候。忽辱手誨，承已朝參，且喜尊候已安平，豈勝欣慰！旦夕當遂瞻見。人還，謹此爲謝，不宣。脩再拜晦叔學士。

3. 又　　　同前

脩啓。■阻，經夏不得詣見，豈勝瞻仰！不審初涼體氣何似。拙詩汙黷，欲乞一篇以飾陋作，此外惟求聖俞爾。伏恐要知，以居處未定，少暇祗詣，不宣。脩再拜晦叔學士足下。

4. 又　　　同前

脩啓。前日承示手教，兼見還弊製，便欲再伸面請，適值累日牽仍，豈勝區區！脩行能素薄，仰慕清德，夢寐之勤，自謂終所不能企及。惟得託附高名，以見後世，亦庶幾少償其志，不意見拒之深。俗鄙屑屑於片文，誠不足以勤遠大之懷。惟諒其勤切，一揮筆之頃，爲賜無涯，亦何忍卻也？謹再以請，惶恐惶恐。脩再拜晦叔學士。

5. 又　　　同前

修頓首。人至，辱手字，所以誨諭丁寧，豈勝感愧！旦夕詣前，方盡所懷。人還，且奉此。修再拜晦叔學士執事。

6. 又　　　同前

修啓。昨日不審見過，失於迎候，深負，恐悚恐悚。臨行忙迫，殊少暇，無由一詣門求別，心實瞻係，惟冀爲吾道自重，以副區區，不宣。修再拜晦叔學士。十四日。

　　承侍讀違和，牽冗無由咨問，旦夕必安。希道，下懇下懇。

7. 又　　　嘉祐元年

修啓。麓冗區區，無由復奉清燕。殘暑，體氣康和。承領太常，此豈足以發賢蘊？然而禮樂殘缺，所存無幾，自非識慮深遠，孰肯勤勤於是？是亦有望於高明也。特辱惠教，但增感愧。謹奉此，聊代布謝，不宣。修再拜晦叔太常學士。

8. 又　　　嘉祐二年

修啓。陰霪不解，不審體氣如何。前時同介甫閑話，尋作得一篇，欲乞晦叔同之。久以多故，今謹錄呈，乞賜斤斧也，惶恐惶恐。修再拜晦叔學士執事。十日。

9. 又　　　同前

修啓。辱惠詩，實深感幸，即送介甫也。人還，附此爲謝，不宣。修再拜晦叔學士足下。

10. 又　　　嘉祐三年

修啓。陰鬱，承體況甚佳。王紘舉子，所存甚遠，豈易得耶？然不及蘇洵。洵之文，權變多端，然辭采燦然明白，恨未得拜呈爾。人還，謹此。修再拜晦叔學士。

11. 又　　　同前

修啓。數日不奉言宴，不審尊候何似。王紘者，去年南省所得進士，履行純固，爲鄉里所稱。初見其答策，語辭有深識，遂置之上等。今得其書五篇，粲然甚有可稱。更慮愚鄙偏見，敢質之長者。可否幸示一言，庶幾自信。他留面盡，不宣。修再拜晦叔學士。

12. 又　　　嘉祐四年

脩啓。自承尊候違和，久闕咨問。亦屢遣人奉詞，知未見客。暑毒方甚，不審體氣何如。必惟已就平愈。稍涼當得詣前，未間，聊奉此布萬一。惟君子爲道，與時自重，不宣。脩再拜晦叔侍講。

13. 又　　　熙寧三年

脩啓。辱諭，竊承尊體微有違和，今必已諧痊復。善人天地之紀，神明所相，更冀爲時倍加愼衛。脩至亳，少留一宿，即趨鈐下，欣幸欣幸。脩又拜。

14. 又　　　同前

脩啓。近辱惠書，嘗布謝懇。及疆，不敢更馳公狀。嚮承台候小有違和，竊喜已遂痊復。見小子言，曾許請見，而尊體尚畏外風，正當將護。脩旦夕至城中，即得披款，乞不出城，懼成煩動。謹專奉此咨聞，幸悉，不宣。脩再拜知府侍讀侍郎執事。初六日。

15. 又　　　同前

脩啓。雪後清凜，伏惟鎮撫之暇，寢餗勝常。脩常幸居僻事稀，足養衰拙。第老病日增，職事多廢，孤危之跡，憂畏實深。壤土相接，未期瞻近，惟冀爲朝自重，以須亨復。企祝企祝，不宣。脩再拜知府侍讀侍郎台几。十二月一日。

16. 又　　　同前

脩啓。新正納慶，方欲馳賀，遽辱惠教，但增感愧。兼審經寒，鎮撫之餘，台候動止佳福。脩衰病如昨，幸此偷安，咫尺鈐下，無由瞻近。未嚴召間，惟冀爲國愛重。病目僅能執筆，區區不宣。脩再拜知府侍郎。十二月廿五日。

17. 又　　　熙寧四年

脩啓。稍闕奉狀，春暄政暇，伏惟尊履清福。脩以春陽發動眼疾爲苦，漠然無復悰況。惟思及公未嚴召間，得爲里民幸矣。執筆甚艱，餘懇莫布，惶恐惶恐。脩再拜知府侍讀侍郎執事。三月五日。

姚都官，佳士也，希一顧之重。求舟，望略指麾。脩以營辦人車未集，道路泥水，計須月首方得離此。瞻見匪遠，欣幸。

18. 又　　同前

脩啟。數日不瞻近，承台候萬福。辱手誨，見召湖亭，謹聞命。第秋暑未解，重煩主禮爲愧。人還，姑奉此，不宣。脩再拜知府侍讀侍郎執事。初休日。

　脩以道中暑毒，發動齒疾，旦夕始僅能飲食，未任飲酒，幸恕察爾。脩又拜。

19. 又　　同前

脩啟。昨日承厚顧，宿來起居多勝。辱手誨，見招嘉會，固深感愧。第以昨夕飲次，承見勸過量，舊苦發作，難久坐，不得少奉談燕，惶恐惶恐。人還，姑布區區，不宣。脩再拜知府侍讀侍郎閤下。二十四日。

　江寧清德君子，素所欽服。第以方面之重，閑人坐次不便難安耳。幸察。

20. 又　　同前

脩啟。昨晚略瞻顏采，宿來台候萬福。今晨，承私忌，不獲奉慰。脩以久託館宇，且挈幼賤就弊居，更煩飫勞，併深感愧也。人還，粗此布謝，不宣。脩再拜侍讀侍郎台几。十日。

21. 又　　同前

脩啟。累日不奉宴言，雨後微寒，伏惟氣體清裕。來日朔旦，脩以病足爲苦，艱於步履，不能一詣賓次，豈勝愧惕！欲望更不枉顧，兼慮偏勞郡官旅寓，益匪惶安也。謹此布誠，幸察不宣。脩再拜晦叔侍郎閤下。

22. 又　　同前

脩啟。脩以足疾爲苦，不堪人事，遂踈奉見。亦承尊體雖已痊和，尚難接客，未敢起動也。辱惠佳篇，以警昏塞，感幸感幸。牽課未成間，姑此布謝，不宣。脩再拜晦叔侍讀侍郎閤下。十一日。

23. 又　　同前

脩啟。辱教，承宿來台候萬福。亂道止冀一覽，蒙見諭以刊石，豈勝愧靦！餘留詰朝面布。人還，附此，不宣。脩狀上晦叔侍讀執事。

24. 又　　同前
　　脩啓。稍不瞻近，尊候萬福。青、亳二州拙詩十餘篇，輒不自外，臥閣之暇，一咲解睡。懃灼懃灼。脩再拜晦叔侍讀執事。十二日。

25. 又　　同前
　　脩啓。稍不瞻近，晴寒，竊承動履沖勝。偶閑發篋，得《峴山》拙記、《丁元珍表》刻石，輒不自外，聊質公退齋中一噱以解睡，懃恐懃恐。脩再拜晦叔寶文侍郎閣下。
　　　府僚必常奉清宴，更承見諭。感愧。

26. 又　　同前
　　脩啓。早來獲接餘論，嚮晚承體況沖裕。辱手誨見招，敢不聞命。第以弊疾經旬爲苦，懼酒爾，若止清談一笑，尚可勉奉也。人還，謹此布謝，不宣。脩再拜侍讀寶文侍郎閣下。即日晚刻。
　　　趙說道適寄青州拙惡石刻，輒不自外，取笑取笑，懃恐。

27. 又　　同前
　　辱諭湖上之約，深荷意愛。不期偶會，興味至佳。俟腳膝稍安，可勉當奉清賞也，感著感著。脩又白。

28. 又　　同前
　　脩啓。佳雪可喜，寒中伏承台候萬福。辱手誨，欲枉旌騎訪戴之事，數百年未有繼者，曷勝爲幸！第以泥濘，重有勞動，茲又悚愧也。人還，布謝，不悉。脩再拜知府侍讀侍郎執事。十日謹空。
　　　脩十餘日左車牙痛，一兩日方能常食，滴酒不曾入口，寒中甚苦之，惟幸免酒也。惶恐惶恐。

29. 又　　同前
　　脩啓。晴和，喜承台候萬福。改朔，未獲詣前，特辱手誨，豈勝感愧！三日祗赴嘉招，餘留面布，不宣。脩再拜知府侍讀侍郎閣下。朔日。

30. 又　　同前
　　脩啓。適巳附還人手尺布謝。晚來晴寒，台候萬福。偶得京醞，來遠不損，動輒納二器，必不罪輕浼。惶恐惶恐，不宣。脩手啓晦叔

侍讀侍郎閣下。

脩以病齒尤苦於前，食物甚艱苦。貸其飲酒，方敢厠談席也。病
目不能自書，幸不裁答，惶恐。爲使出虞候，輒附來使，乞不罪。

31. 又　　　熙寧五年二月

脩啓。宿來不審尊候何似，竊計服藥，已經利動，風氣所滯，必遂
稍散。春陽方盛，更冀精於調適。不敢請見，懼成起動，姑此咨問，
不宣。脩再拜知府侍讀侍郎閣下。二十八日。

脩亦以口齒復發，皆新陽方盛之致也。

32. 與孫威敏公　　　皇祐中　汪逵云，以下四帖真蹟傳于外家

脩叩頭泣血言，哀懇已具號疏。即日暑毒，不審台候何似。自脩遭
罹大禍，已五六賜書存慰，奠祭稠重。荒迷中，雖不即時敘謝，其
爲哀感，何可勝言！脩自親老感疾，以至不起，整一周年，心緒憂
惶，日夜勞迫。今髭已三分中二分白，髮十分中四分白，恐亦不久
在世。然事親已畢，復何所求？昨於哀迷中，就近來潁。其實四海
無所歸，欲只就潁，趁明年卜葬。汲汲如此，欲於自己生前了之耳，
豈復有意人間邪？哀苦中，又聞希文病，病勢不好，元料恐難起。
希文材行高，忌嫉眾，若非聖君仁明，朝家以忠厚爲治，不能保此
始終。今年過六十，官爵不卑，於希文不少，所惜用於時者，萬不
伸一，爲國家惜耳。家道索然，恰得在徐而終，庶事何憂不了，此
亦爲善之效耳。然元規亦自西行，後面事應悉與處置也。平生打破
名目，號爲黨人，適值脩在苫塊中，情禮萬不申一。恨，ㄑ，ㄑ！

33. 又　　　同前

范公平生磊落，其終也昏迷，蓋病之然。如公所示，其心未必不分
明也。只是治命與母墳同域，此理似未安，如何？雖不可移，亦須
思慮，後事皆託明公矣。昨贈官誥，詞是誰作？要見姓名，幸批示。
脩病暑目昏，絕無意。承見教寬節，以終襄事，敢不自勉。但體病，
皮骨形骸不復類人矣，必非久在世者也。事親畢矣，何必延生？餘
懇更託賈祕校。人行，具道。

34. 又　　　嘉祐元年

脩頓首啓。秋暑，不審台候何似。脩以愚拙，碌碌于此，無所裨補。

日思外去，勢有未能。徒以俗冗區區度日。書問之好，亦不暇修，
眞何益於公私邪！公坐鎭之外，其樂如何？拜見未涯，惟爲國自重，
不宣。脩再拜判府資政侍郎台坐。七月七日。

35. 又　　　嘉祐二年

脩頓首啓。區區久闕致問，中間辱書，爲感何已！冬寒，伏惟台候
萬福。脩衰病，思得一小郡養拙，三二年間，謀一歸老之地。此願
未獲，遽被責以吏事，精力耗竭，何止勉強？不出歲末春初，當在
江西矣。薛親幹敏，河東土人民間事可詢問，得佐幙府甚幸。脩爲
目疾爲梗，臨紙草率，惟冀鎭撫外以時爲國自重，不宣。脩再拜河
東安撫觀文學士坐前。十七日。

36. 與王文公　　　汪逵云，此帖紹熙元年憲錄本，刻石在和州

脩近見耿憲所作《杜子美畫像》詩刻題後之辭，意義高遠，讀之數
四。不相見多年，根涉如此，豈非切磨之效耶！脩當日會飲於聚星
堂，狂醉之間，偶爾信筆，不經思慮，而介甫命意推稱之若是，脩
所不及也。脩頓首。

37. 與韓門下　　　真蹟藏汪逵家

脩啓。近承有汝陰之請，方與潁人欣竦以俟，而遽聞改鎭。不審即
日尊候何如。脩昨過潁少留，營視故居。雖不敢過分大爲制度，而
就簡酌宜，猶須一歲，僅可辦集，便當躬自築室。然則居此不過爲
一歲計，而地僻事簡，庶少偸安。而衰病侵凌，亦絕無憀賴。持國
請麾，不候成書而出，何速也。汝陰亦自佳郡，乍遠喧譁，必多淸
思。因風不惜惠問，以慰岑寂。餘乞愛重，不宣。脩再拜持國龍圖
執事。七月七日。

38. 又

承惠家菊，甚濟用，多荷多荷。因出，見過閑話。脩再拜。

39. 與韓獻肅公　　　真蹟藏呂■■家

脩啓。辱示，庖人已有矣。承許臨顧，甚幸。然以愚所見，五日節
假，六日後殿，南牙無班，出宿無害。若趁宿則奉勞，益不惶也。
更謀與叔平、武平換一宿，如何？其如出宿，甚有理。京師爲會，

其難如此。喜瘡可痛，此乃有所觸耳，當有負過之人，呵呵。脩再拜子華內翰。四日。

40. 與王懿敏公　　真蹟藏三衢范侍讀家

脩啓。自板橋拜別，忽已踰月，即日旌斾已臨治所。秋寒，起居無恙？日思拜問，特苦區區，加以徙居出疆，俗事鮮暇。仰思鎮撫之餘，必多清興。惟爲國自重，以俟來復，不宣。脩再拜端明左丞。九月八日。

41. 又

脩啓。近張供奉行，曾奉狀，必達台聽。秋氣漸涼，不審體候何似。自大斾之西，忽已二歲。士夫之論，皆望東歸，諒在朝夕。脩鬱鬱于此，心馳江湖，歲聿莫矣，情意索然。因人無惜手書相慰，此外爲時自重。姪壻陳儀甫，極承顧眄，多感多感。因其行，謹奉狀，不宣。脩再拜知府端明左丞。中秋日。

42. 與劉侍讀　　見履常齋石刻

脩啓。近賈常行，曾致拙問。辱書，承經暑動履清勝，少慰瞻勤。兼蒙惠以〈韓城鼎銘〉、〈蓮勺博山槃記〉，不意頓得此二佳物。脩所集錄前古遺蹟，自三代以來，往往有之，獨無前漢時字，常以爲恨。今遽獲斯銘，遂大償素願，乃萬金之賜也。屬患膝瘡數日，家居絕客，無人爲辨古文，當徐訪博學者識之，續錄寄上。今且於郵中致此粗報，已獲佳眖爾。今歲大熱，疲病尤覺難支。西州高爽，更冀慎護，以副區區，不宣。脩再拜原甫安撫學士坐前。廿一日謹空。

43. 與尹龍圖蔡忠惠公　　以下七帖並見石刻

脩頓首啓。前送酒人回，曾附書，不審涉夏以來所履何似。脩三月十七日至滑，滑雖爲近郡，而河北之路皆走韋城，其名爲州，反若縣也。自河災至今，民尚未復，千里蕭條，市邑不及一大縣。以此絕少辭訟，加又河注外堤，物役並簡，終日無事，不異山居。於養慵雖宜，而恐自此益墮。夫馬雖善走，若飽飼而繫于櫪，立之數月，則足力損矣。故善養馬者，雖無所用，猶使僕隸騎而走習，蓋惜其天姿，不欲廢墮也。用此每自勉勵，不過尋書史，視古之志士，一慨然爾。紙盡不及它，餘希自愛，不宣。脩再拜師魯十二兄、君謨仁弟。四月四日。

44. 與蔡忠惠公

脩頓首啓。今春蒙恩徙鄆城，季夏之末，方至官下。首得君謨於家僕處所示書一通，並近著文章一卷，深慰深慰。君謨與脩別未三歲，中間計亦有人事汩之，奈何其學遂進及此！脩每惡前輩學古者，道未及其藩籬，而自相稱譽入於堂奧，不徒妄奸名譽，亦足惑於後人。然見君謨所爲，亦不覺欲稱之勉之。勉之到此，而不可已也。始脩與師魯在洛陽，是時遊者皆一時之俊。今君謨又與師魯在洛，獨恨不得從乎其後也。又知已有旨召試，何時赴期？因人頻乞一信，夏熱，千萬自愛，不宣。脩拜白君謨同年弟。七月九日。

尹虞部誌文，乞與改抹。公期在洋州喪室，恐知恐知。

45. 又

脩啓。氣候不常，動履何若？前日承惠《李邕碑》，字畫誠佳，輒已入錄，多荷多荷。《錄目序》中欲更周宣王作穆王，蓋曩時但得《石鼓》，今續得《伯囧銘》故也。若已鑴石，不知尚可改否。閑事屢以煩煎，惟恃物外之趣同爾，惶恐惶恐。脩頓首啓君謨內翰足下。三月四日狀。

46. 又

脩啓。今日輒以服藥假，家居謝客，因發《茶錄》披尋，遂不能釋手，輒書百餘言於卷後。蓋嘗蒙見許識書，故聊爲茲論。竊承早來從駕燕宮，當亦歸休。謹勤奉呈，閑資一閱，幸即還付，不宣。脩頓首啓君謨給事三司君。六日謹狀。

47. 又

脩啓。數日以家事嬰仍，遂闕致問。氣候悆和，不審體履佳否。聞韓公以《晝錦堂記》奉煩，勢必難卻，拙文遂託妙筆以傳不朽，實爲鄙人之幸。幸勉爲一揮，以成一段佳事。承已入辭，應漸治行裝。事少間，當頻卜會面，未間，謹勤李畋咨啓，不宣。脩頓首端明侍郎君謨足下。五日謹狀。

48. 又

脩啓。數日在告，以兒子不安。今日幸渠小差，不能閑坐，輒取君謨所惠《荔支譜》跋其尾，謹以錄呈，斯亦一時佳事。私心區區，以行舟不久留，思略聚話未能得，姑奉此，不宣。脩再拜。

49. 又

脩啓。承惠茶，獨酌甚奇，但無佳客與共眞賞。仍還空器，無以爲報，併此懷慙爾。前時所餘半圓餅，烹之絕佳，不類坐上烹者。疑喧靜不同，致所得有深淺爾。茲事難爲俗人道，不怪刀刀。脩頓首。十日。

50. 又　　　以下六帖眞蹟舊藏興化李氏，今歸前知仙遊呂祖平家

脩啓。前日承惠子魚，絕佳。蓋以四方來饋物，皆卻之，今遂無來者，尤以難得爲奇也。歙石屢尋不見，家人云嘗以一巨研送人，不知何處闇投也。聞集碑以「丐餘」爲名，敢不竭所有。郭之美何在？憔悴可憐也。目痛必已愈，何日參假？脩再拜。十七日。

51. 又

脩啓。辱惠新茶大餅，多年不曾得，其喜可知。餘俟啓封，見茶致謝。方銓次《集古錄》，人還，不暇詳敍，幸賜察，不宣。脩頓首上君謨三司內翰事。六月旬休日狀。

52. 又

脩啓。晴明，尊履康和。前時承諭葛生，不知曾去召渠否。諸廳遷秩恩例尚未施行，渠來能趁得及，甚善。就令不及，可徐俟他便。但恐渠京師難久處，然強親在此，莫不慮是否。公期罰典甚峻，料省庭初亦不意至此，卻須與他軟痛過，呵呵。聞《魏公眞贊》欲煩巨筆，是否？脩頓首上君謨三司給事坐右。十三日。

53. 又

脩啓。辱手教兼惠題名，豈勝感愧！不思霖潦，畿民訴蠲秋租，費大農心計，乃以閑事相干，此重爲慙爾。不知此晴遂得牢否。人還，草草，脩頓　首白君謨給事。十五日。

聞有與禹玉《花》詩，乞一本。

54. 又

脩啓。竊承忽有令姪之戚，伏惟悲悼，情何以勝。無由馳慰，惟冀以寬釋太夫人慈懷爲意。專此咨啓，不宣。脩再拜君謨端明侍郎執事。廿七日。

承已治裝，適以祥祭，未皇款見，不勝區區也。

55. 又

李隨比部不知於何處葬事，恐郡中去賻奠，望略示及，待令一人同去。州學中有《唐書》、《晉書》否？學生不看，欲暫借可否？脩再拜。

56. 與梅都官　　　真蹟藏汪遠家

適承異眖，豈不媿荷！脩平生不欲奪人奇物，惟度其人不賢，不足以畜佳翫者，或一留之。若吾兄，豈不足畜邪？硯，聊領厚意。餘二物，謹以奉歸，幸無疑也。了文字忙，不一一。脩頓首聖俞兄。

余聞梅聖俞嘗以翡翠鼎贈歐永叔，前帖所謂奇物者，乃此也。穎叔。

57. 與蘇編禮　　　治平■年

脩啓。昨日論《范公神道碑》，今錄呈。後爲其家子弟擅於石本減卻數處，至今恨之，當以此本爲正也。脩再拜明允賢良。

58. 與曾舍人

辱示介甫鄞縣新文，並足下所作《唐論》，讀之飽足人意。盛哉盛哉！天下文章，久不到此矣。

59. 答張仲通　　　名洞，時從晏无獻公辟於長安　皇祐三年

某啓。前已辱書，謂已西行，故未及附問。適又人至，承惠誨，多荷多荷。某自夏秋老兒不安，調理方似平愈。偶一小嬰沉劇，因此驚憂，又卻發動，方營理，未暇他事。足下入臨淄幙，送詩不敢草草，續附上。某亦臨淄門生，樂爲詩也。墨竹、建茗皆佳物，銘佩銘佩。漸遠，千萬珍愛。忙撓中，不子細。某再拜機宜推官。中元日。

南都鮮嘉物爲答，筆數十枚，起草可也。

60. 又　　　皇祐三年

某啓。前時急足還，附狀。此人續至，又辱書並惠藥，見愛之厚，感刻何已！老兒久病經年，近又一小兒在穎生者患，日夕不保，老母用此憂傷。方患少藥，得此，萬金之眖也，多荷多荷。某自此兒病困，日憂老兒增疾。醫者盈門，公事亦未暇管勾。詩於足下何惜，但不欲草草耳，續當附上。正此憂撓中，不子細。某再拜機宜推官。

七月二十二日。

61. 又　　　皇祐四年

某頓首。孤苦閑居，少便附信。昨因郵中嘗奉號疏，不知果達否。歲暮寒冱，體氣若何？前承寄惠許道寧山水，真奇筆也，珍荷珍荷。碑文極煩費，然非相知在彼，亦無由得，更望因有所得，不惜分示，貴成集錄，爲助之惠不細矣。詩筆頓精，但欽服。日奉宗工唱和盛事，餘劍守可道，保愛不次。某再拜機宜推官足下。十一月初八日。

　媿無物以報嘉惠，紫甌十隻稍佳，亦頗難得如此者，恐知。副以青漆匣，此則尋常，聊爲遠信耳。

62. 又　　　時以大理寺丞再從晏公辟在西京　至和元年

某啓。辱書，承無恙，增慰增慰。某服除，被召還闕。入見之日，便請蒲、同，朝旨見留，遂領銓管，視職七日，遽以罪逐。尚賴聖恩，遂其初請。更旬餘，當即西首過洛，卻得一相見，亦以爲幸。未間，秋暑珍重，不宣。某再拜司錄寺丞。八月一日狀。

　惠碑，多荷多荷。盛製尤佳，他容面敘。

63. 又　　　時任祕閣校理出知棣州　　嘉祐六年

某啓。辱書，承歲豐民安，豈非仁政之惠也。某衰病，待罪西府，碌碌無所稱。朔陲事有可施爲者，目見當得其實，不惜見教，寡陋之幸也。秋寒多愛，某再拜知郡學士足下。八月十二日。

64. 與丁元珍學士　　　以下五帖真蹟藏汪逵家

脩啓。前日承訪別，豈勝依依！審已登舟，治行匪易。稍寒，氣體想佳。應須別卜日解縴，無由一詣，攀違但增瞻戀，惟冀寬中加愛，以須亨復。區區不宣。歐陽脩手狀上元珍學士。十月四日。

65. 與陸學士

脩啓。昨日承見過書局，仍約來旦枉顧弊居，方飭家人少具薄饌奉侍，忽報來晨宣看刈麥，午後幸尋前約也。謹此咨啓。脩再拜子履學士足下。七日。

66. 又

脩啓。自被大水驚恐，意子履一相訪，杳然初不承問者累日。不審水後餘暑，體履佳否。旦夕幸冀枉駕，故專此咨啓。晝日事多牽迫，燭下奉此，草率不罪。脩啓上子履學士足下。十五日。

67. **又**

　　脩啓。節中暄和，體候康適。來日近午，見過晚膳，庶接清話少時。
專此咨啓。脩再拜子履學士。十七日。

68. **又**

　　來日無事，幸見過，約持國閑話。脩再拜子履，且納原父詩去，如
了，便送劉舍人也。

　　　　陸經帖附

　　經啓。永叔有簡相邀，來日約甚時同往，幸示諭。久不見君子，
使我勞咨勞咨。切申懇子華欽聖。不宣。經再拜持國。十四日。
數日叔父東行，隨分牽率。昨夕出宿華嚴，今日晚方還，疲甚。
不謹不謹。

69. **與杜郎中**　　　以下二帖真蹟藏汪逵家

　　脩啓。公私多故，頗闕致誠。辱書，承經寒體況康福。相別數年，交
遊日益零落，在者不老則病，理亦宜然。脩多難早衰，纍嘗屢自懇激，
冀鄉里一廛，漸爲歸計。誠願未遂，遽誤器使。貪冒榮寵，忽已三年。
碌碌無稱，俯仰羞愧。第未有必去之名，不欲輕發。然愈久則責咨愈
多，豈懷安苟偷于此者，不知所以勉強之方。故人其何以見教？茲語
難爲不相知者道也，幸察幸察。自去年夏秋以來，百疾交攻，尤苦牙
車，飲食艱難。此前所謂理宜然者，不足具道也。相見未涯，惟多慎
愛，以副瞻企。脩再拜挺之郎中運使執事。正月十九日。
　　兩目昏淚，臨書不知筆畫輕重，可嘆可嘆！

70. **又**

　　昨自聖俞云亡，識與不識，皆爲之出涕。蓋其材可惜，其志可悲也。
況於吾儕，宜如何爲懷？其嗣子孤弱，未堪家事，雖相知竭力，未
知果不失所否。吾徒老大，朋游零落殆盡，存者無幾，又苦乖離，
就使幸而相聚，索然數衰翁，豈復昔時情緒，徒益可悲爾。漳州之
後，何嘗忘之，深可念也。脩兩手指節拘攣，屈伸皆難，目愈昏暗，
自非久處于此所宜，獨得免於罪戾而去，則爲幸也。相見何時，鄙
懷難遽盡道，南望瞻渴。脩頓首。

71. 與范蜀公　　　以下二帖見榮今堂石刻

脩啓。經節，竊惟體履清勝。家人言前在沖卿家，曾拜見縣君。欲初四日擊請枉顧弊居，無佗客，只是吳宅爾。先此咨啓，幸不爲阻也。脩再拜景仁舍人。二日。

72. 又

脩昨日歸時不甚醉，中夜忽覺舊患左臂疼痛，舉動艱難，頗甚驚疑，早遂且請朝假。承見招，謹當奔赴，惟難飲酒，在矜寬爾。脩再拜景仁舍人。十一日。

73. 與樞密侍郎　　　石刻在夔州

脩啓。多日不奉言宴，竊承台候萬福。脩以淋渴爲苦，虛乏未任朝參。特辱存問，豈勝感愧！人還附謝，不宣。脩再拜樞密侍郎台坐。十六日。

74. 與李舍人

脩啓。累日不奉見，稍涼，氣體清佳。來日午後幸垂顧，與介甫、持國、晦叔閑話，幸不阻。謹此奉聞，不宣。脩再拜才元學士。十五日。

75. 與王文恭公　　　真蹟藏汪逵家

脩啓。適辱延顧，繼承惠教，兼以金漆書案爲贈，益所珍荷。不獨可置筆研，兼可以列盤肴也，呵呵。人還，謹此致謝，不宣。脩再拜禹玉內翰執事。廿九日。

76. 又　　　以下三帖真蹟在文恭公家，近歸石林葉氏

脩啓。承答教，以侍疾爲憂。早來因見張康，言太夫人脈似結滯，然不可便下，當以平順湯散解之。因聞其説，遂去咨問。所要醫工，下處醫婦人常用能音耐，人姓日宣者，今且令去。不知治傷寒如何，更乞審細相度。張康莫且可與商量否？憂心中，不宜忽遽，三兩日參假，祗候不宣。脩再拜。

77. 又

脩啓。乍闊言笑，頓爾索然，宿來體況何似？昨日寫牓了，第一甲八個卷子，不知曾封起否。脩到家，始覺四體病如醉人。今日方思

得，適已令人去問陳寺丞也。更告禹玉，特指揮陳寺丞，或傳語聖俞，且令速去封起。此事最切，却乞批示。客多，忙，不謹。脩再拜。

78. 又

脩啓。適自外歸，得手誨。承惠車螯，解釋勞乏，當自引一盃。其餘，俟三兩日少間可烹，併伸感愧。人還，姑此爲謝，不宣。脩再拜禹玉內翰。九日。

79. 與直講寺丞　　　以下二帖見豫章卷雨樓續帖

脩啓。近辱書，丞歸自丹陽。又兒子自都下來，云屢相見。喜經暑體況康和。脩經春在病告，忽被恩徙并，憂恐惶惑，累力懇乞淮西如素志，未報，遂此留以俟旨。衰殘難勉強，惟相知必深亮其誠，餘復何云？炎毒，講道外加愛，不宣。脩再拜直講寺丞足下。五月廿七日。

80. 又　　　熙寧四年

脩解綬還家旬決，尚以自春來渴淋爲苦。潁、蔡至近，猶以道中傷暑，舊疾更增，足見衰悴不堪疲曳爾。脩此歸，榮幸非一，尤以殘軀得養息，冀漸嚮安。上恩淪於骨髓者，爲尤深耳。學舍寂寞，非守道之固，何以久處？然講論必益精。未期會話，秋暑多愛。因人奉此，不宣。脩再拜直講寺丞足下。七月十八日。

81. 與推官　　　以下二帖真蹟藏汪逵家

脩啓。自得吾子，獲益已多。乍別，勉學慎愛。爲今日文字多，不暇寫書，只託附介甫書並紙去，不宣。脩白推官先輩。廿四日。

82. 與編校屯田

脩啓。辱教，承尚未衙參，未得奉見。久別可勝瞻渴。乍到，庶事匪易。聞別卜居，倉卒如意否？張祕校書信已領。人還，聊復此，不宣。脩再拜編校屯田足下。十七日。

83. 與宛丘祕校　　　真蹟藏會稽石氏

適見賢兄言，方知暫歸。時暑，體況清佳。知不能久留，幸一迂駕，欽渴欽渴，草率奉此。脩再拜宛丘祕校。

84. 與運使司封　　真蹟藏汪遼家

脩啓。嚮以公私忽忽，無由少奉款曲，每以爲恨。遂承使舸遽爾東下，不得握手爲別，尤所依依。春候方暄，更冀以時自愛。脩尸素無補，衰病交侵，未能引去，不知何以少逃罪戾。昆仲事契不淺，尚有可教，不惜誨言。自餘區區，非筆舌可盡。人還，謹此。脩再拜運使司封執事。十八日。

85. 與張續

脩啓。人至辱書，備見勤厚，且承經秋體履康乂，至慰至慰。脩性多病，加漸老益衰，殊不喜京居，深自勉強。毫棗遠寄，多荷多荷。人回，偶書如此，不一一。脩白張君足下。

86. 又　　熙寧三年

脩向作范文正文字，而悠悠之言，謂不當與呂申公同褒貶。二公之賢，脩何敢有所褒貶？亦如此而已耳。後聞范氏子弟欲有所增損，深可疑駭。別紙所喻甚善。如范氏子弟，年少未更事，願以此告其親知。脩白。

87. 此帖恐是與焦千之

脩以多日不得書，嘗於遞中附書，但慮州司不爲致達，不知果得達否。茲人遽來，承書，可勝慰喜慰喜。續次，公人送到《胡先生表》，字畫淳古，甚可佳，庶幾陋文得託以傳，爲胡公不朽。前書粗述鄙懷，若果達，可知萬一。其實無佗，第材薄任重，憂責難當，衰病雖不可勉，然當竭其所可爲爾，餘非筆墨可盡。小官難處，知所屈伸，則爲遠久之資也，甚善甚善。嚮秋多愛，不宣。脩又白。

88. 見履常齋石刻，未知與何人

脩頓首。使至，承教。惠以洛陽花、筍。筍不食十餘年，花不見二十餘年矣，其爲感宜如何！謹且以此附還使爲謝，不宣。脩再拜大學士尚書。坐前謹空。

89. 見履常齋石刻，未知與何人

脩啓。前日飲酒殊歡，遂至過量，醉中不能相別，還家遽已頹然。小兒生六七歲者，未識乃翁醉，皆驚呼戲咲之。凌晨食肝生，頗覺

當年情味猶在，但老不任酒力矣。竊承使騎來日遂行，道塗寒冷，盡將息理。無由瞻戀馳情，不宣。歐陽脩上。

90. 此帖恐是與范文正公

師魯拜之翰爲兄，於尹材乃父執也，爲其諸父作行狀。之翰平生與師魯厚善而無怨惡，必不故意有所裁貶。不過文字不工，或人所見不同。材當作書敘感，然後以所疑請問，而反條疏駁難。又所駁多不當，如之翰言「器使」二字，乃駁云非爲人所使。至如《論語》言「君使臣以禮」，豈亦不可乎？其輕易皆此類。後生小子，但見其叔平生好論議，遂欲倣效，既學問未精，故所論淺末，不知其叔平生潛心經史，老方有成，其自少所與商較切磨，皆一時賢士，非一日而成也。率然狂妄，甚可怪。脩在楊州，極不平之，亦曾作書拜聞。明公若愛師魯，願與戒勗此子。仲尼曰：「由也兼人，故退之。」無使陷於輕率也。師魯功業無隱晦者，脩考之翰行狀無不是處，不知稚圭大罵之翰，罪其何處？此又不諭也。稚圭處，脩自附去也。

91. 與陳內翰　　名繹　熙寧■年　以下二帖江西運司石刻

脩啓。時序遷速，忽已霜寒，竊惟感慕傷摧，何以堪處。公私多故，闕於候問，更希順時節哀，以全孝履。《漢書》不廢校正，居閒諒可精求，所須悉已應副。人吏往來，有事不惜示及。因人謹此奉慰，不宣。脩再拜至孝和叔學士。廿日次，九月三日。

　　子履學士不別書，希節哀自愛。

92. 此帖未知與何人

脩啓。辱賜教，知見愛之深，豈勝銘感！天譴不虛出，未行之事，止當深罰。主議者恐不濫及平民，而使當罰者安然自如也。其餘難遽述，不宣。脩再拜。

93. 與大寺丞發　　治平四年　以下四帖真蹟並存

廿四日王昌等書信必已到。前日得汝遞中書，知與諸幼安樂，又知迎子已安，頓解憂憶。吾此內外各如常，今遣江從去，排祭諸事必已辦。只是孝服，汝更學畫。祭文用不用？內東門別進功德疏、御衣，並早問，當報來，勿令悞事。此外好將息。六月廿九日押。付發。

　　彭州劉比部書、北京浣口書，各令入遞。

黎宗孟書，與尋一的便，速附去。

薛少卿書，如未離齊州，速令進奏官附去。如已起來，即與文忠候本宅迎接人將去。汝亦可作一書同附去，述在他部下之意，累有書來問著也。

邸報胡侍郎有事，必恐是的。汝有書來，更不要言及。恐大新婦有書與二新婦，亦勿令言及。

孫家契書今附去。贖得錢，且令王昌寄在定力，亦得。

孃道重喜，只與緣身，早令遂便。

王昌去時，書內問者數件事，一一子細報來。

亢翼課狀，爲五郎新婦下財成親月日。如課狀在，則附來，不在，則別令課一本，速附來。

94. 又　　同前

今日寫下發信黃清等書信，欲行次，得先差急腳子回來書，知汝與新婦、二孫各安，兼知婆孫藏府已較，舉家欣喜，更不別寫書。只是前書內王昌排祭一節，已別有箚子與王昌，便令京中一面勾當雇人造作。如恐勾當忙時，更不用令王昌來作生日。只遣宅前兵士二人隨急腳子來可也。急腳子回時，於張永壽處覓些止瀉和氣藥，要與翁孫喫。向迎子、婆孫道莫廝爭，翁一婆一憶汝。八日晚押。付發。

95. 又　　同前

昨日黃清與急腳子行，已有書並信物，今又遣此牙前去勾當，排辦致祭物色，更不寫書，只是指揮與王昌所用御服五件，並只就京師製造，用好顏色疋帛精細做，千萬分明指揮與王昌也。九日第三書，押。付發。

脂麻油三二斤，葛布子買三二百文，因便人附來。

96. 又

大哥計程今日當至潁，在路安樂否？且得一向晴明，到潁後事件，專俟回人知委細也。此中老幼各安，勿憂勿憂。餘事如去時所說，勿移也。天氣不常，慎護爲切。今因宅兵行，附此，續別遣人也。二月十五日押。付大寺丞發。

第三章　新發現書簡與通行本書簡之關係
　　　　—從新發現書簡 35〈又（與孫威敏公）〉、42〈與劉侍讀〉、69〈與杜郎中〉、70〈又（與杜郎中）〉四篇與通行本收錄書簡之重複內容著眼—

緒　言

　　在此次新發現的九十六篇歐陽脩書簡中，不管是 35〈又（與孫威敏公）〉、42〈與劉侍讀〉、69〈與杜郎中〉、70〈又（與杜郎中）〉等四篇，或現今《歐陽文忠公集》的通行本（指本書上篇第一章《歐陽脩書簡九十六篇之發現》中所舉系統圖裡國圖本的系統本）所收書簡，都可窺見歐陽脩書簡的寫作內容頗多重複之處，這究竟有何涵義？這件事，也許可以透過這些書簡的製作過程，以及將之收錄至全集當中的始末來加以解析。有鑑於此，特作以下具體考察。

第一節　關於新發現書簡 42〈與劉侍讀〉

　　新發現的書簡 42〈與劉侍讀〉，與通行本《書簡》卷五（《歐陽文忠公集》卷一百四十八）中所收錄的〈與劉侍讀〉其二十六之內容相似。為便於比較，將通行本所收其二十六與新發現書簡 42〈與劉侍讀〉原文抄錄於下：

（通行本）〈又（與劉侍讀）〉其二十六

某啓。賈常行，嘗附狀。辱書，承經署動履康和。兼蒙惠以〈韓城
鼎銘〉及〈漢博山槃記〉，二者實爲奇物。某集錄前古遺文，往往得
人之難得，自三代以來、莫不皆有，獨無前漢時字，每以爲恨。今
遽獲斯銘，遂大償其素願，其爲感幸，自宜如何。屬患膝瘡，家居
絕客，無人爲識古文。故第於郵中粗報已受二銘之賜，篆書當徐訪
博識尋繹，續得附致。其餘區區，萬不述一，大熱慎護，以副瞻勤。
清水安能久滯耶，實負愧也。

（新發現書簡）42〈與劉侍讀〉　　　見履常齋石刻

脩啓。近賈常行，曾致拙問。辱書，承經署動履清勝，少慰瞻勤。
兼蒙惠以〈韓城鼎銘〉及〈蓮勺博山槃記〉，不意頓得此二佳物。脩
所集錄前古遺蹟，自三代以來，往往有之，獨無前漢時字，常以爲
恨。今遽獲斯銘，遂大償素願，乃萬金之賜也。屬患膝瘡數日，家
居絕客，無人爲辨古文，當徐訪博學者識之，續錄寄上。今且於郵
中致此粗報，已獲佳眠爾。今歲大熱，疲病尤覺難支。西州高爽，
更冀慎護，以副區區，不宣。脩再拜原甫安撫學士坐前。廿一日謹空。

這兩封書簡，所述內容爲歐陽脩獲得長年所欲得之漢代銘文後，向贈送者劉
敞表達謝意，並提及現因膝腿之病，尙無力鑽研銘文，待稍有所獲之後，再
行與之聯繫。兩封書簡，內容幾乎完全一樣，但在文字表達上確有差異。現
分別來看兩封書簡的如下部分：

（通行本）〈又（與劉侍讀）〉其二十六

某集錄前古遺文、往往得人之難得、自三代以來、莫不皆有。獨無
前漢時字、每以爲恨。

（新發見書簡）42〈與劉侍讀〉　　　見履常齋石刻

脩所集錄前古遺蹟、自三代以來、往往有之、獨無前漢時字、常以
爲恨。

這部分，新發現書簡的字數更少，措辭更爲簡潔。不得不讓人認爲新發現書
簡42應該是在通行本〈又（與劉侍讀）〉的基礎上進行修改而成的。

關於歐陽脩善於修改文章的秉性，《朱子語類》卷一百三十九中有這樣一
段記載：

又曰、歐公文亦多是修改到妙處。頃有人買得他醉翁亭記藁、初說

滁州四面有山、凡數十字、末後改定、只曰環滁皆山也五字而已。

初稿中，描寫滁州地形，用了「東方某山，南方某山……」等四面的山來列
舉描述，定稿卻只用了「環滁皆山也」五字作結。通過推敲，大幅度改變了
文章用詞，使之變得簡潔。這種仔細反覆修改，是歐陽脩非常自得的作文之
法。南宋周必大在〈歐陽文忠公集後序〉有如下記述：

前輩嘗言、公作文、揭之壁間、朝夕改訂。今觀手寫《秋聲賦》、凡

數本、劉原父手帖亦至再三，而用字往往不同。故別本尤多。

歐陽脩將完成的原稿貼於牆壁，反覆推敲。因為數次修改，《秋聲賦》出現了
幾個不同版本，此意即從初稿到定稿過程中出現了好幾種別本。與此相同，
在書簡的寫作過程中，不難想見歐陽脩此種反覆推敲的為文習慣，亦不時會
展現。

此外，通行本收錄書簡中，記載歐陽脩所得銘文為〈韓城鼎銘〉、〈漢博
山鑪記〉，新發現書簡 42 記為〈韓城鼎銘〉、〈蓮勺博山鑪記〉。〈韓城鼎銘〉
在《集古錄跋尾》中有記載，〈博山鑪記〉全無記載，所以無法確認其內容。
但是，通行本所收書簡中的〈漢博山鑪記〉變為新發現書簡的〈蓮勺博山鑪
記〉，由「漢」這種模糊記載變為了「蓮勺」這一具體地名，這應是對金石銘
文頗有研究的歐陽脩，從劉敞那得到這篇銘文後，經過一番考索，將「漢」
改為「蓮勺」這一具體地名的。從這種記載的變化來看，我們很容易想見這
兩封書簡之間的前後關係。通過此類文辭表達的修改和記載內容的具體化，
可以推知通行本書簡（〈又（與劉侍讀）〉其二十六）是先行作成的，並以其
為基礎進行修改，才有了現在的新發現書簡 42（定稿）。

作為印證新發現書簡 42 為定稿的證據，尚有此封書簡文末明確寫有收件
人信息一事。事實上，通行本〈又（與劉侍讀）〉其二十六和 42〈與劉侍讀〉，
這兩封書簡最大的不同，便在新發現書簡 42 的文末有「脩再拜原甫安撫學士
坐前」這一語句。意即，新發現書簡寫入了收件人信息，而通行本所收書簡
最後沒有任何收件人信息。既然寫入收件人姓名，即可作為實際寄送出去了
的書簡之明證。

歐陽脩在進行書信寫作時，是在定稿之前反覆修改原稿，最終定稿時方
始加上收件人姓名的可能性很大。最初的原稿之中，不寫收件人姓名，經過
修改和確定書信內容，在最後寄送之前，再寫入收件人姓名，此舉亦不足為
怪。從這裡可窺見歐陽脩書信的作成過程，是將當初的原稿進行修改，然後

確定內容，寄送之前才署上收件人姓名。因此，在最終寄送出去的實際書簡（新發現書簡 42〈與劉侍讀〉）之外，草稿（定稿之前的通行本所收〈又（與劉侍讀）〉其二十六）也被留存下來，並爲後來的通行本收錄。

第二節　關於新發現書簡 69、70〈與杜郎中〉

接下來看新發現書簡 69、70〈與杜郎中〉，和與其內容相重複的通行本所收〈答杜植〉的原文。

通行本〈答杜植〉

> 某啓。公私多故，久闕馳誠。然亦久不承問。忽於遞中辱書，喜慰無量，兼審經寒動履清勝。不相見數年間，親舊零落，所有無幾。在者衰殘老病，於理宜然。其間不能量力決然早去，而留連祿仕，任過其分，勉強碌碌，迄無可稱，以取責於一時，而貽譏於後生，則鄙人於數老叟中，又獨負此。若寵利紛華，不惟非素心所溺，就令心有所好，大抵晚年實能享者，於身所得幾何。由是言之，得失不較可知。自去夏迨今，病恙交攻，尤苦齒牙，飲食艱難。則嚮所謂於身所得者，無復有爾。可嘆可嘆。不相見久，因書及此，聊當一笑爾。聖俞家，賴諸故人力，得不失所，漳州兒子輩更在教育，他事應在雅懷，有以處之，不待言也。新歲千萬加愛。因風不惜惠問，以慰瞻仰。不宣。某再拜。

書信大致所述爲舊友相繼亡故，存於世者也是年老體衰。自己雖尚任官職，卻政績平平，乏善可陳，自去夏開始，便一直爲病所苦。梅堯臣家孩子輩尚在教育，希冀多加關愛。

與此內容相似的是此次新發現書簡 69 和 70。

（新發現書簡）69〈與杜郎中〉　　以下二帖眞蹟藏汪遠家

> 脩啓。公私多故，頗闕致誠。辱書，承經寒體況康福。相別數年，交遊日益零落，在者不老則病，理亦宜然。脩多難早衰，屢嘗屢自懇激，冀鄉里一麾，漸爲歸計。誠願未遂，遽誤器使。貪冒榮寵，忽已三年。碌碌無稱，附仰羞愧。第未有必去之名，不欲輕發。然愈久則責咎愈多，豈懷安苟偷于此者，不知所以勉強之方。故人其何以見教？茲語難爲不相知者道也，幸察幸察。自去年夏秋以來，

　　　　百疾交攻，尤苦牙車，飲食艱難。此前所謂理宜然者，不足具道也。
　　　　相見未涯，惟多慎愛，以副瞻企。脩再拜挺之郎中運使執事。正月十
　　　　九日。

　　　　　兩目昏淚，臨書不知筆畫輕重，可嘆可嘆！

書簡69所述為友人衰亡，自己雖想歸鄉，卻依然勉強為官三年，毫無政績，
且自去年夏天，至今疾病纏身。

　　（新發現書簡）70〈又（與杜郎中）〉

　　　　昨自聖俞云亡，識與不識，皆為之出涕。蓋其材可惜，其志可悲也。
　　　　況於吾儕，宜如何為懷？其嗣子孤弱，未堪家事，雖相知竭力，未
　　　　知果不失所否。吾徒老大，朋游零落殆盡，存者無幾，又苦乖離，
　　　　就使幸而相聚，索然數衰翁，豈復昔時情緒，徒益可悲爾。漳州之
　　　　後，何嘗忘之，深可念也。脩兩手指節拘攣，屈伸皆難，目愈昏暗，
　　　　自非久處于此所宜，獨得免於罪戾而去，則為幸也。相見何時，鄙
　　　　懷難遽盡道，南望瞻渴。脩頓首。

書簡70記述自己為梅堯臣的逝世悲痛不已，梅之子尚幼，令人擔憂。

　　　　筆者在拙稿〈新見九十六篇歐陽脩散佚書簡輯存稿〉中指出，通行本〈答
杜植〉與新發現書簡69之內容相似〔註1〕，後洪本健氏指出其與70亦相似
〔註2〕。70與通行本〈答杜植〉究竟有多大程度類似不好判斷，但從與梅堯
臣相關記述來看，可以發現二者內容之相似。

　　　　綜觀以上書簡內容，通行本〈答杜植〉主要敘述自己雖年老體弱卻仍居
官，與梅堯臣亡故二事。新發現書簡69主要敘述年老體弱仍居官一事，70主
要記述梅堯臣亡故一事。可見，通行本〈答杜植〉在新發現書簡里被分割成
了69和70兩封書簡。可以理解為，歐陽脩在給杜植寫信時，先是將腦海中
所浮現之事順次記下，然後進行文章的推敲和修改，最後將所寫內容拆分為
兩封信。可以作為佐證的，即是通行本〈答杜植〉最後沒有收件人信息，而

〔註1〕拙稿〈新見九十六篇歐陽脩散佚書簡輯存稿〉收入《中華文史論叢》二〇一二
　　　年第一期（上海：《中華文史論叢》編輯部，二〇一二年）中指出，「35〈與孫
　　　威敏〉公之三與《歐陽修全集》書簡卷三〈與馮靖公〉、42〈與劉侍讀〉與《全
　　　集》書簡卷五〈與劉侍讀〉之二十五（注、為二十六之誤）、69〈與杜郎中〉
　　　與《全集》書簡卷八〈答杜植〉雖有部分文字相近、但從內容上可以判斷並
　　　非同一書簡、當從天理本作新出之佚文。於此筆者將別作專文討論」。
〔註2〕據洪本健：〈東英壽教授新見歐陽修散佚書簡解讀〉收入《武漢大學學報》二
　　　〇一二年第三期（武漢，武漢大學人文社會科學研究院，二〇一二年）。

在新發現書簡 69 文末記有收件人信息「脩再拜挺之郎中運使執事」，且又另起添寫「兩目昏淚，臨書不知筆畫輕重，可嘆可嘆」。這應可斷定 69 爲實際寄送出去的書簡。

雖然新發現書簡 70 文末以「脩頓首」作結，亦無收件人信息，但是書簡 70 和 69 一樣有「以下二帖眞蹟藏汪逵家」字樣的注，可以確認是從收藏者汪逵家流出。從歐陽脩家族以外流出的書簡 69、70，還是應推斷爲實際已寄送出去的書簡。

陶宗儀《南村輟耕錄》卷十五《淳化閣帖》中，有關於汪逵的記載。

> 汪逵、字季路、衢州人。官至端明學士、建集古堂、藏奇書秘蹟金
> 石遺文二千卷。

汪逵收集有奇書密蹟金石遺文兩千卷，收藏甚豐，在這之中，便藏有歐陽脩實際寄送出來的書簡。前面提到的新發現書簡 42，亦附有「見履常齋石刻」字樣的注文，歐陽脩實際寄送出去的書簡，其內容被刻爲石，後又根據石刻，收錄此一書簡。因此，書簡是從歐陽脩家族以外的收藏者得來，這一狀況相當明確。這也說明了此次發現的書簡，都是從收信人那裡所流出。

第三節　關於新發現書簡 35〈又（與孫威敏公）〉

最後，新發現書簡 35〈又（與孫威敏公）〉，與下文所舉通行本《書簡》卷三（《歐陽文忠公集》卷一百四十六）中所收錄的〈與馮章靖公〉其一內容大體一致，就此下文略作考察。

（通行本）〈與馮章靖公〉其一

> 某頓首。區區久闕致問，中間辱書，爲感何已。冬寒，伏惟臺候萬
> 福。某以衰病，期一作思得一小郡養拙，三二年間，謀一歸老之地。
> 此願未獲，遽被責以吏事，精力耗竭，何止彊強。不出歲末春初，
> 當有江西之行矣。薛親幹敏，河東風土民間事緒可以詢問，得佐幕
> 府甚幸甚幸。某爲目疾爲梗，臨紙草率，惟冀鎮撫外以時爲國自重。

（新發現書簡）35〈又（與孫威敏公）〉

> 脩頓首啓。區區久闕致問，中間辱書，爲感何已！冬寒，伏惟臺候
> 萬福。脩衰病，思得一小郡養拙，三二年間，謀一歸老之地。此願
> 未獲，遽被責以吏事，精力耗竭，何止勉強？不出歲末春初，當在

江西矣。薛親幹敏，河東土人民間事可詢問，得佐幙府甚幸。脩爲
目疾爲梗，臨紙草率，惟冀鎮撫外以時爲國自重，不宣。脩再拜河
東安撫觀文學士坐前。十七日。

上述書簡，記述如下諸事：書信已收，自己年老體衰，曾想致仕歸老，未能
遂願，仍被委以職任。年末年初會在江西，河東之事，可諮詢薛親，自己罹
患目疾等等。

　　將通行本〈與馮章靖公〉和35〈又（與孫威敏公）〉細加比堪，可得出如
下八處異同。

〈與馮章靖公〉其一		35〈又（與孫威敏公）〉
（1）某頓首	→	脩頓首啓
（2）某以衰病	→	脩衰病
（3）期一作思得一小郡養拙	→	思得一小郡養拙
（4）何止彊強	→	何止勉強
（5）當有江西之行矣	→	當在江西矣
（6）河東風土民間事緒可以詢問	→	河東土人民間事可詢問
（7）得佐幕府甚幸甚幸	→	得佐幙府
（8）某爲目疾	→	脩爲目疾

　　上述（3）裡通行本「一作思」的小注，在新發現書簡35〈又（與孫威敏
公）〉被應用。（4）只是字體的不同。（7）除了有字體不同之外，通行本中的
「幸甚幸甚」變爲了書簡35中的「幸甚」。（5）當中的「當有江西之行」，在
書簡35中變爲了「當在江西矣」。另外，（6）在通行本中爲「河東風土民間事
緒可以詢問」，在35中變爲「河東土人民間事可詢問」。（1）、（2）、（8）中通
行本的「某」變爲35中的「脩」，而且（1）當中「頓首」後加上了「啓」字，
（2）中通行本裡的「以」字在35中被刪除。

　　這兩封書簡之間的異同，僅是措辭上的微小差異，文意完全沒有改變。所
以，通行本收錄的〈與馮章靖公〉其一，和此次發現的35〈又（與孫威敏公）〉，
它們分別作爲定稿與原稿，雖有一些文字上的差異，但本應是同一書簡。

　　可是，〈與馮章靖公〉裡的馮章靖公爲馮京（一〇二一～一〇九四），字當
世，因反對王安石新法而聞名。同時，此次發現的書簡35的收件人孫威敏公，
即爲孫沔（九九六～一〇六六），字元規。二人均與歐陽脩有交往，所以這封
書簡寄送他倆任何一人，都在情理之中。

通行本收錄的書簡〈與馮章靖公〉其一，和此次發現的書簡 35〈又（與孫威敏公）〉的很大差別在於，在通行本書簡文末的「爲國自重」後面，新發現書簡 35〈又（與孫威敏公）〉還續有「不宣。脩再拜河東安撫觀文學士坐前」，這樣的收件人信息。和前面新發現書簡 42、69、70 一樣，書簡 35 亦爲實際寄送出去的書簡。這也說明，通行本裡所收文末無收件人信息的書簡，均爲定稿之前的書信，並非實際寄送出去了的書簡。

歐陽脩全集《歐陽文忠公集》一百五十三卷，最初是由周必大等人，在歐陽脩逝世一百二十四年後的慶元二年（一一九六）完成編纂。書簡並非公開性作品，只是私人間的書信往來，所以後世收集起來，相當困難。對於周必大等人來說，歐陽脩乃是一百二十多年前的先人，要收集他的書簡，從何處著手收集，用什麼方法收集，都是十分艱難的問題。在這種情況下，他們採取的辦法，是從歐陽脩家族流傳下來的資料當中去尋找。作爲全集編纂者之一的丁朝佐在《歐陽文忠公集》卷十四的校勘記中記有「朝佐攷公家定本」〔註 3〕，「公家定本」即是使用歐陽脩家傳的定本。由此可見，周必大等人在進行全集編纂時，利用了歐陽脩家族保存下來的資料〔註 4〕。

此外，在前面比較異同時，(1)、(2)、(8) 當中，新發現書簡 35 中的「脩」字，在通行本中均作「某」字，這也有力證明通行本的書簡，是歐陽脩家族流傳之物。之所以如此認爲，乃因當時慣例，在避先祖諱時，常以「某」代替，因此通行本中所見「某」字，應爲歐陽脩子孫避諱所改〔註 5〕。這樣來看，通行本的書簡是從歐陽脩家族的資料當中得來，而非實際寄送出去了的書簡。

因此，周必大等人在編輯全集中的書簡部分時，利用的是歐陽脩家族留存下來的資料當中的書簡，而實際上的書簡，即那些當時寄送出去了的書簡，

〔註 3〕周必大編纂的《歐陽文忠公集》卷末有全集的編定校正者與覆校者的一覽表，丁朝佐爲編定校正者之一。

〔註 4〕此外，在《書簡》卷十有周必大等人的校勘記：「吉綿本書簡有論文史問古事之類。已移入《外集》第十六十七十八十九卷中」，說明周必大等人在編纂《書簡》部分時，曾參用吉綿本，但吉綿本在《書簡》中摻入了論文、史問、古事等體裁作品，可知其全爲杜撰。所以，從周必大等人以歐陽脩家傳資料爲基礎，並參照吉綿本進行《書簡》部分的編纂，由此可知，周必大等人的校勘也並沒收集到實際意義上的書簡（已寄送出去的書簡）。

〔註 5〕子孫避先祖諱時，以「某」字代替一事，可參見范志新《避諱字》：「今案書某避諱，其例亦古。」（台北：學生書局，二〇〇六年），該書還舉《尚書》與《史記》之類爲例進行說明。參看范氏此書時，還承蒙九州大學人文科學研究院專門研究員大淵貴之氏指教，忱致謝意。

他們無從收錄。也即是，對於周必大等人來說，已經逝世了一百多年的歐陽
脩，要找出其書簡的實物，是極難之事，他們在進行全集編纂之時，除了利
用歐陽脩家傳的書信草稿（定稿之前的書簡）外恐別無他法。

　　如前所述，歐陽脩在進行書信寫作時，是反覆確定書信文章內容之後，
方始署上收件人姓名，正因如此，所以通行本所收的定稿之前的書簡，均無
收件人姓名。這些歐陽脩家族留存下來的相關資料，被周必大等人拿來編輯
全集之《書簡》十卷部分時，因信件文末無收件人姓名，所以不小心把這封
信誤認爲是寄送馮章靖公的書簡，並錯誤地記錄了下來。新發現書簡35的收
件人孫沔，據《宋史》卷二百八十八孫沔傳記載，「又爲遷禮部郎中、環慶路
都總管、安撫經略使、知慶州。……歷知陝西、河東都轉運使……、又遷觀
文殿學士、知并州」，與此次新發現書簡 35 的收件人信息「河東安撫觀文學
士」相符合。而且，從 32〈與孫威敏公〉的注文「汪逵云，以下四帖眞蹟傳
于外家」來看，汪逵的外家，即汪逵妻子娘家爲書簡收藏者。所以，新發現
書簡35無疑是實際寄送給孫沔的書簡。而與此內容相同的通行本所收書簡〈與
馮章靖公〉，則是周必大等人編纂時錯標題目所致。這次新發現的書簡，證實
了一直被誤認爲是歐陽脩寫給馮章靖公的書信──通行本所收書簡〈與馮章
靖公〉其一，實際上是歐陽脩寫給孫沔的書簡。

第四節　結　語

　　通過考察新發現書簡35〈又（與孫威敏公）〉、42〈與劉侍讀〉、69〈與杜
郎中〉、70〈又（與杜郎中）〉，與通行本書簡內容相重複的問題，我們發現，
此次新發現的書簡，是歐陽脩實際寄送出去了的書簡，它們是從收信人那裡
收集得來。與此相反，現行的通行本所收書簡，則爲周必大等人以書簡定稿
前的原稿，再據以歐陽脩家族代代相傳的資料，進行整理所得之物。

　　北宋文人的全集，多在南宋時編纂出來，但當時究竟是如何將書簡進行
收錄，這是一個十分令人關心的問題。之所以這樣說，是因爲書簡作爲個人
私信往來，一般不會公開，其被收入全集的過程也就很不明朗。因文獻資料
的限制，目前很難斷定一般全集中所收書簡，是否就爲實際上已寄送出去的
書簡，另外，全集是如何對書簡進行收錄，也難以詳細考察。但是，這次新
發現的歐陽脩書簡，因能確認其是從收件人一方收集得來，通過將它與通行

本的全集所集錄書簡，進行一番比較後，便使書簡收錄過程的一部分開始變得明晰起來。因此，此次新發現的書簡，在對南宋時的全集編纂過程進行考察時，無疑成為了非常重要的線索與資料。

第四章　新見歐陽脩書簡考

　　北宋歐陽脩（一○○七～一○七二）的作品中，仍存有至今未爲人知的九十六篇散佚書簡。對此，筆者已在第六十三屆日本中國學會大會上，發表題爲〈歐陽脩九十六篇書簡之發現經緯〉的報告，[註1] 指出此次所發現的九十六篇書簡，之所以未被世人所知，與南宋時期編撰歐陽脩全集《歐陽文忠公集》及其流傳過程有著密不可分的關係。茲將發表要旨簡括於下：

　　　南宋慶元二年（一一九六），周必大編刻《歐陽文忠公集》百五十三卷。在這個周必大原刻本的基礎上，後世在翻刻時不斷地補入一些新見書簡文。其中一本就是中國國家圖書館藏本。而另一本，則是日本天理大學附屬天理圖書館所藏本。筆者在比對這兩種文本各卷卷末新補入的部分時，發現天理本收有至今尚未爲人所知的書簡，多達九十六篇。在對這些新見書簡文作進一步調查時，又發現明代宮廷所藏南宋本屬於現藏中國國家圖書館系統，以此爲底本，明代第四代皇帝仁宗在皇太子時刊刻內府本《歐陽文忠公集》。因此書成爲其定本，故後出之明清刻本則均以此爲底本。而另一方面，天理本在中國並未流傳下來，因此，天理本所補入的九十六篇書簡，在後世的全集編纂中完全被遺忘。

如上所述，在學會發表的內容，主要是針對在中國並未被收入《歐陽文忠公集》的此次新發現的九十六篇書簡，以及這批書簡如何流傳至現在等問題。此後，筆者針對這些問題，已撰寫論文，予以了更詳細的考證 [註2]。

〔註 1〕第六十三屆日本中國學會大會，在二○一一年十月八、九兩日舉行於國立九州大學。
〔註 2〕參見拙稿〈歐陽脩の書簡九十六篇の發見について〉，收入《日本中國學會報》第六十四集（東京：日本中國學會，二○一二年十月）。亦即本書前篇第一章。

在學會上發表時，筆者雖就新發現的九十六篇書簡中，對 10〈又（與呂正獻公）〉、11〈又（與呂正獻公）〉、55〈與蘇編禮〉、88〈見履常齋石刻、未知與何人〉四篇書簡的內容，做了簡單介紹〔註3〕，但因時間關係，無法進行更深入的討論。據此，本文考證的重點放在確認這九十六篇新見書簡文之收信者，對於這九十六篇書簡全貌做一簡介，再以上舉四篇書簡為中心，談此次新見書簡文對今後歐陽脩研究之重要意義。又，這九十六篇書簡本文的介紹，可參照筆者於《中華文史論叢》上發表的〈新見九十六篇歐陽脩散佚書簡輯存稿〉一文〔註4〕。

第一節　九十六篇書簡收信者及所藏處

首先擬確認此次新見九十六篇書簡之收信人。並附上各人生卒年表。

書簡編號	收件者姓名	人名·生卒年
1～31	與呂正獻公	呂公著（1018～1089）
32～35	與孫威敏公	孫沔（996～1066）
36	與王文公	王安石（1021～1086）
37、38	與韓門下	韓維（1017～1098）
39	與韓獻肅公	韓絳（1012～1088）
40、41	與王懿敏公	王素（1007～1073）
42	與劉侍讀	劉敞（1019～1068）
43	與尹龍圖蔡忠惠公	尹洙（1001～1047） 蔡襄（1012～1067）
44～45	與蔡忠惠公	蔡襄（1012～1067）
56	與梅都官	梅堯臣（1002～1060）
57	與蘇編禮	蘇洵（1009～1066）
58	與曾舍人	曾鞏（1019～1083）
59～63	答張仲通	張洞（1019～1067）
64	與丁元珍學士	丁寶臣（1010～1067）

〔註3〕為行文之便，此處所載九十六篇書簡文，按天理本《書簡》卷一至卷十，先後順序附加一至九十六的數碼。

〔註4〕此次所發現書簡九十六篇整理稿，參見前篇第二章〈新見九十六篇歐陽脩書簡〉，原收入《中華文史論叢》第一期（上海，《中華文史論叢》編輯部，二〇一二年）。

65～68	與陸學士	陸經（生卒年未詳）
69、70	與杜郎中	杜植（生卒年未詳）
71、72	與范蜀公	范鎮（1007～1088）
73	與樞密侍郎	？
74	與李舍人	李大臨（1010～1086）
75～78	與王文恭公	王珪（1019～1085）
79、80	與直講寺丞	焦千之（生卒年未詳）
81	與推官	？
82	與編校屯田	？
83	與宛丘祕校	張耒（1054～1114）
84	與運使司封	？
85、86	與張續	張續（生卒年未詳）
87	此帖恐是與焦千之	焦千之（生卒年未詳）
88	見履常齋石刻、未知與何人	？
89	見履常齋石刻、未知與何人	？
90	此帖恐是與范文正公	范仲淹（989～1052）
91	與陳內翰	陳繹（1021～1088）
92	此帖未知與何人	？
93～96	與大寺丞	歐陽發（1040～1089）

　　未列出收信人姓名的書簡文中，88、89、92 三封書簡在天理本補入時，已佚其收信人名。在 73〈與樞密侍郎〉、81〈與推官〉、82〈與編校屯田〉、84〈與運使司封〉四封書簡只可見官名，無法直接界定其收信人的姓名，尚待今後結合書簡之具體內容做進一步考證。而 79、80〈與直講寺丞〉，雖未標明收信人的姓名，但經過考證，基本上可推斷其爲與歐陽脩交遊甚密的國子監直講、大理寺丞焦千之。焦千之生卒年不明，而在《歐陽文忠公集》卷四（《居士集》卷四）收入〈送焦千之秀才〉詩。

　　另一方面，可被辨識的寄信對象，均是與歐陽脩有著某種交流之人。例如九十六篇書簡文中分量最大，多達三十一篇的呂公著，其與歐陽脩的交往已被明載於史。《宋史》卷三百三十六〈呂公著傳〉云：

　　　呂公著字晦叔，……通判潁州，郡守歐陽脩與爲講學之友。後脩使
　　　契丹，契丹主問中國學行之士，首以公著對。

呂公著乃歐陽脩論學好友，是當時名震一時的飽學之士，在此可知歐陽脩對
他的評價極高。

　　書簡收入十三篇，該數量列為第二位的便是蔡襄。歐陽脩與蔡襄之交往，
如在《宋史》卷三百二十〈蔡襄傳〉可見如下：

> 蔡襄，字君謨，興化仙遊人。……范仲淹以言事去國，余靖論救之，
> 尹洙請與同貶，歐陽脩移書責司諫高若訥，由是三人皆坐譴。蔡襄
> 作四賢一不肖詩，都人士宣爭相傳寫，鬻書者市之，得厚利。

此文談到范仲淹因與宰相呂夷簡及司諫高若訥對立，因而遭到遷貶，為他奔
走辯護的歐陽脩及蔡襄，也被捲入其中同遭貶譎。對於此事，蔡襄將范仲淹、
歐陽脩等人稱為「四賢」，而將高若訥貶為「不肖」，寫了一首〈四賢一不肖
詩〉，聞名於世。又在《續資治通鑑長編》卷百四十，慶曆三年四月條云：

> 著作佐郎、館閣校勘蔡襄為秘書丞、知諫院。初，王素、余靖、歐
> 陽脩除諫官，襄作詩賀之，辭多激勸。三人者以其詩薦於上，尋有
> 是命。

指出因蔡襄受歐陽脩之推薦，任官為秘書丞、知諫院。由如此記載，可窺見
他們的關係十分密切。另外，從上表可以看出，其收信者仍包括諸如蘇洵、
曾鞏、王安石及梅堯臣等赫赫有名的宋代文人，這次發現的新書簡，無疑對
於今後宋代文人之間的交流乃至宋代文學歷史研究都有著非同小可的意義。

　　其次，為了解這些書簡文的收藏處，擬確認於下表格。

　　為方便起見，在此根據天理本所標題下注，將其分類整理成《收藏者一
覽表》。

○ 呂伯壽 1～31
◎ 汪逵外家 32～35
◎ 汪逵家 37、56、64～70、75、81、82、84
○ 呂■■家 39
○ 三衢范侍讀家 40
○ 舊藏興化李氏　今歸前知仙遊呂祖平家 50～55
◎ 玉山汪季路（汪逵）家 59～63
　　（根據周必大「跋歐陽文忠公與張洞」考出）
○ 文恭公家　近歸石林葉氏 76～78
○ 豫章卷雨樓續帖 79、80
○ 會稽石氏 83
○ 眞蹟 93～96（收藏者不明，然天理本編撰之時或還可確認）

（以下、石刻）
○ 石刻 36、43、49〜73
○ 履常齋石刻 42、88、89
○ 榮今堂石刻 71、72
○ 江西運司石刻 91、92

（以下、出處不明）
38、41、57、58、74、85、86、87、90

前文所提到對呂公多達三十一篇的書簡，均出自其孫輩之呂伯壽。由此可以看出，對於歐陽脩所寄來的書簡，呂家都一直予以珍藏。另外，在確認這些收藏者時，可見其許多都與汪逵有關，對於汪逵其人，陶宗儀《南村輟耕錄》卷十五〈淳化閣帖〉條云：

> 汪逵，字季路，衢州人。官至端明學士，建集古堂，藏奇書秘蹟金
> 石遺文二千卷。

可知汪逵乃收藏金石書畫之大家，其收集品中，歐陽脩的手簡竟多達二十二副。此外，根據石刻所錄者有十六篇，由於其原石刻已經不存，因此可說這些書簡對研究宋代文史也是種貴重資料。

第二節　歐陽脩對蘇洵文章之評價

在對此次新發現之九十六篇書簡文有了整體上概括的了解後，接著對於 10〈又（與呂正獻公）〉、11〈又（與呂正獻公）〉、57〈與蘇編禮〉、88〈見履常齋石刻，未知與何人〉這四篇書簡文依次進行具體考證。

考歐陽脩與比自己小兩歲的蘇洵之交往，大致始於蘇洵攜蘇軾、蘇轍上京的嘉祐元年（一〇五六）左右。由於兩人年齡相近，義氣相投，同時歐陽脩也為蘇洵文采傾倒，並向仁宗皇帝予以舉薦。

歐陽脩對蘇洵文采之代表評論，今可舉出〈故霸州文安縣主簿蘇君墓誌銘〉中的如下一文：

> 由是下筆，頃刻數千言，其縱橫上下，出入馳驅，必造於深微而後止。

此文顯示出歐陽脩對蘇洵之高度評價。茲評價在 10〈又（與呂正獻公）〉中又得到應證：

> 王紘舉子，所存甚遠，豈易得耶。然不及蘇洵。洵之文，權變多端，
> 然辭采燦然明白，恨未得拜呈爾。

在這封書簡中，歐陽脩先提到王紘，接著又談到蘇洵的文章「權變多端，然辭采燦然明白」，此話正好與〈墓誌銘〉中「縱橫上下，出入馳驅」的評價相吻合，由此可見〈墓誌銘〉中歐陽脩對蘇洵文采詞華的推崇，並非粉飾之詞，乃是出自其內心的高度評價。

另外，在這封書簡中提到的王紘，他又見於寫給呂公著 11〈又（與呂正獻公）〉，其文云：

> 王紘者，去年南省所得進士，履行純固，爲鄉里所稱。初見其答策，
> 語辭有深識，遂置之上等。今得其書五篇，粲然甚有可稱，更慮愚
> 鄙偏見，敢質之長者。

根據這封書簡的題下注可知寫於嘉祐三年（一○五八），此前年嘉祐二年，歐陽脩出任權知貢舉主管當年的科考。在這封書簡中，歐陽脩談到自己爲何將無名的王紘提拔上等。他認爲王紘德行淳樸，乃是一個「語辭有深識」的可造之才，對其寄予厚望。

眾所周知，嘉祐二年的科舉發榜之後，京中一片嘩然。《續資治通鑑長編》卷百八十五嘉祐二年條記云：

> 春正月癸未，翰林學士歐陽脩權知貢舉。……及試牓出，時所推譽，
> 皆不在選。囂薄之士，候脩晨朝，羣聚詆斥之，至街司邏吏不能止。
> 或爲祭歐陽脩文投其家。卒不能求其主名置於法。然文体自是亦少
> 變。

在這次科舉考試中，歐陽脩力排眾議，將當時仍屬無名之輩的蘇軾、蘇轍、曾鞏等人拔入金榜。發榜之後，群情激憤，罵聲不絕，甚至受到祭文詛咒。此顯示出歐陽脩利用權知貢舉的權力，得將當時無名考生強制提拔於官界，亦表現出他不顧非議之強硬個性的一面。其實上述所舉之兩封書簡中所提及的王紘，正是其中一位。對於這次科舉考試，過去由於第一手資料極少，研究者相當難解其中詳情。這次新發現的兩封書簡，明確提到因爲王紘之答策文「語辭有深識」，而「置之上等」，言及科舉背景始末，於此可見並無絲毫徇私舞弊。亦指出王紘之文，雖不如蘇洵，但也是「所存甚遠」，值得期待。只是從《宋史》、《續資治通鑑長編》等宋代文史資料來看，歐陽脩如此期望的王紘，之後並無多大活躍。對於群星璀璨的宋代文壇來說，王紘或許最終

只能算得上是一顆不太耀眼的流星。〔註5〕然而，此次發現的書簡，對於研究嘉祐二年科舉情況，無疑具有不可忽視的資料價值。

第三節　有關范仲淹之《神道碑銘》

在新發現九十六篇書簡中，寫給蘇洵的 57〈與蘇編禮〉仍值得引起注意，其全文引錄於下：

> 脩啓。昨日論范公神道碑、今錄呈。後爲其家子弟擅於石本減卻數
> 處、至今恨之。當以此本爲正也。脩再拜明允賢良。

書簡中所提到的《范公神道碑》，是指歐陽脩本人爲范仲淹所撰寫的《資政殿學士戶部侍郎文正范公神道碑銘》。歐陽脩在書簡中對蘇洵提到范仲淹子堯夫（字純仁）對自己所撰碑文不滿，擅自篡改碑文部分文字一事。

景祐三年（一○三六）、時任吏部員外郎、權知開封府的范仲淹，與當時的宰相呂夷簡發生衝突，被貶爲知饒州。此後，范仲淹與呂夷簡不計前嫌，齊心協力共理朝政。對於此事，歐陽脩在《資政殿學士戶部侍郎文正范公神道碑銘》中寫道：

> 自公坐呂公貶，羣士大夫各持二公曲直。呂公患之，凡直公者，皆
> 指爲黨，或坐竄逐。及呂公復相，公亦再起被用。於是二公驩然相
> 約，戮力平賊。天下之士皆以此多二公。然朋黨之論遂起，而不能
> 止。上既賢公，可大用。故卒置羣議而用之。

然正是對於這段敘述，范堯夫認爲有損范仲淹清譽，而在未徵得歐陽脩的同意之下便擅自刪去這段文字。如果我們將歐陽脩《資政殿學士戶部侍郎文正范公神道碑銘》與附錄於《范文正公集》中的《神道碑銘》〔註6〕兩相對照，就會發現范集所附錄的文章確實被刪去上引一段九十一字及「明年呂公亦罷」、「上復召相呂公」等與呂夷簡有關的記述。

對於這件事情，蘇轍《龍川別志》卷上已有言及：

> （范文正公）自越州還朝，出鎮西事，恐許公不爲之地，無以成功，
> 乃爲書自咎，解讎而去。其後以參知政事安撫陝西，許公既老居鄭，

〔註 5〕管見之内，沒發現王紘有作品存世。另有關對於嘉祐二年科舉的綜合考證，可舉出曾棗庄《文星璀璨—北宋嘉祐二年貢舉考論—》（上海：復旦大學出版社，二○一○年）。不過，曾文亦未談及王紘。

〔註 6〕范仲淹《褒賢集》收於《四部叢刊》。

> 相遇於途。文正身歷中書，知事之難，惟有過悔之語，於是許公欣
> 然相與語終日……故歐陽公爲《文正神道碑》，言二公晚年歡然相
> 得，由此故也。後生不知，皆咎歐陽公。

蘇轍提到，由於後人不知范仲淹與呂夷簡（許公）由早年對立到「晚年歡然相得」的前因後果，因此才會「後生不知、皆咎歐陽公」。

由此記載可見這件事情當時引起了不小風波。邵博的《邵氏聞見後錄》卷二十一亦有類似記載：

> 後歐陽公作《文正神道碑》云：「呂公復相，公亦再起被用，於是二
> 公驩然相約，共力國事。天下之人皆以此多之。」文正之子堯夫以
> 爲不然，縱歐陽公辯不可，則自削去驩然，共力等語。歐陽公殊不
> 樂，爲蘇明允云：「《范公碑》，爲其家子弟擅於石本改動文字，令人
> 恨之。」

在邵博的記載中，要特別注意的，是歐陽脩對蘇明允（蘇洵）所云之「爲其家子弟擅於石本改動文字、令人恨之。」一語。茲部分與前述57〈與蘇編禮〉：「爲其家子弟擅於石本減卻數處、至今恨之。」一語基本吻合。由此可證實邵博曾經親見過這封〈與蘇編禮〉而轉述其文字。

按邵博之生年今已無考，但已所知道他在紹興八年（一一三八）賜同進士及第，卒於紹興二十八年（一一五八），乃晚於歐蘇兩代後的人物。邵博究竟經過何種途徑見到這份書簡，在此無法追究之。然而，通過以上考察，可說這批書簡的發現，對於兩宋文學史乃至文人研究都能具有非同小可的史料價值。

第四節　對於洛陽的思念

歐陽脩進士及第之後，天聖九年（一〇三一）三月被任命爲西京留守推官，從此開始其一直到景祐元年（一〇三四）三月爲止的三年洛陽生活。這段是從二十五歲至二十八歲的時期，歐陽脩開始仕宦生涯的第一步。在《洛陽牡丹記》一文中，歐陽脩談到洛陽城中人愛花之風潮，予其留下了深刻印象：

> 洛陽之俗，大抵好花。春時，城中無貴賤，皆插花，雖負擔者亦然。
> 花開時，士庶競爲遊遨。

《洛陽牡丹記》作於景祐元年，以〈花品序〉、〈花釋名〉、〈風俗記〉三部構成，此文見於〈風俗記〉。歐陽脩見到洛陽盛開著牡丹花，感到趣味寫作之。新發現

的書簡 88〈見履常齋石刻，未知與何人〉中，亦有一節提及洛陽的文字：

> 脩頓首。使至，承教。惠以洛陽花、筍，筍不食十餘年，花不見二
> 十餘年矣，其爲感宜如何。

歐陽脩在信中寫道，自己隔了好久才看見洛陽花、吃到很久沒入口的洛陽筍，心情十分激動。其中提到的「洛陽花」，極有可能是洛陽牡丹。歐陽脩在《洛陽牡丹記》〈花品序〉寫道：

> 至牡丹，則不名，直曰花。其意謂，天下眞花，獨牡丹。其名之著，
> 不暇曰牡丹而可知。

「洛陽花」對於歐陽脩即指牡丹，洛陽牡丹便是他自己的酷愛。這封書簡原收錄於《履常齋石刻》，雖不知寄予何人，但在此書簡中，可見歐陽脩對自己初任官之地洛陽的深深懷念。尤其對牡丹花的深愛之情，可顯現爲「其爲感宜如何」一句。

第五節　結　語

上文所提到的書簡 88，歐陽脩看到眼前的洛陽花、筍，從而激發出自己內心中對洛陽之深切的懷念。在這些書簡中，不但可見一幕又一幕反映著歐陽脩日常生活的眞實情境，亦可窺知他心裡的喜怒哀樂，還原出一個有血有肉的歐陽脩形象。這乃是此次所發現九十六篇書簡的一個重要特徵。如 30〈又（與呂正獻公）〉中「脩以病齒尤苦於前、食物甚艱苦。……病目不能自書，幸不裁答」一文，則表現出被病目疼齒所折磨的歐陽脩其痛苦的模樣。關於如此病狀，在已收的書簡之中亦常提及，如收於《書簡》卷七〈又（與焦殿丞）〉云：

> 某愈覺衰殘。齒牙搖動，飲食艱難，食物十常忌八九。

描述由牙齒搖動飲食艱難之事情。又在《書簡》卷四〈又與王郎中〉有文云：「某病目十年，遂爲几案苦」，提到自己病目之心勞。在這些已知書簡及新發現書簡中〔註7〕，均能看出訴說病苦之疼，乃是歐陽脩寫給親朋好友書簡的一

〔註7〕此次所發現九十六篇書簡見於各卷末附加部分。天理本《歐陽文忠公集》原是鎌倉幕府於南宋，理宗開慶元年（一二五九）從大陸購入大批書籍中的一本。由此可以推知當時中國亦有此本流傳於世。此處由於戰亂等種種原因，屬於這一系統的完本於中國反而不再存世。這九十六篇書簡也就逐漸不爲人所知，相關考證參見前篇第一章〈歐陽脩書簡九十六篇之發現〉。

個重要的主題。兩者內容的吻合，毋寧是種必然。另必須注意的一點是：這
次發現的書簡，被人完全遺忘達七百五十年。

　　雖然有一部分書簡的內容，在已知的書簡文中亦有談及。但如本文所考，
諸如王紘的記載、歐陽脩有關科舉選士的記載、用來佐證《邵氏聞見後錄》
的轉述記載、有關歐陽脩晚年疾病之記載，凡此種種，均提供了許多歐陽脩
研究的新材料。這次的發現，為歐陽脩作品的研究提供了九十六件新素材，
這對日後的研究與考證，無疑地提供了更廣闊的視野。

第五章 周必大原刻本《歐陽文忠公集》考述

第一節 周必大的《歐陽文忠公集》編纂

北宋歐陽脩（一〇〇七～一〇七二）的全集《歐陽文忠公集》一百五十三卷，爲南宋周必大（一一二六～一二〇四）所編纂。二人同爲廬陵人氏。《宋史》卷三百九十一《周必大傳》載有：

> 嘗建三忠堂於鄉。謂歐陽文忠脩、楊忠襄邦乂、胡忠簡詮皆廬陵人、
> 必大平生所敬慕。爲文記之。蓋絕筆也。

歐陽脩作爲故鄉廬陵的一大偉人，周必大平素便對其相當敬慕，但當時廬陵刊行的《歐陽修全集》卻質量低劣。對於此事，周必大在〈歐陽文忠公集後序〉中有如下記載：

> 廬陵所刊、抑又甚焉。卷帙叢脞、略無統紀。私竊病之、久欲訂正、
> 而患寡陋未能也。

廬陵刊行的《歐陽修全集》，其粗劣程度，讓周必大不忍卒讀，由此，周必大開始進行《歐陽文忠公集》的編纂。全集編纂之時，周必大發動了廬陵地區的學者。參加編纂的學者名單，在周必大的〈歐陽文忠公集後序〉中可以窺見。

> 會郡人孫謙益老於儒學、刻意斯文。承直郎丁朝佐博覽群書、尤長考
> 證。於是徧搜舊本、傍采先賢文集、與鄉貢進士曾三異等互加編校。

包括在此所舉的孫謙益、丁朝佐、曾三異三人，周必大編纂的《歐陽文忠公集》卷末，有全集的校正者、覆校者的一覽表如下。

　　　編定校正：孫謙益、丁朝佐、曾三異、胡柯

　　　覆校：葛潨、王伯芻、朱岑、胡炳、曾煥、胡渙、劉贊、羅泌

周必大就是與這些成員一起完成了《歐陽文忠公集》一百五十三卷的編纂工作。關於全集的編纂時間，在〈歐陽文忠公集後序〉裡亦有記載：

　　　起紹熙辛亥春、迄慶元丙辰夏、成一百五十三卷、別爲附錄五卷。

可見《歐陽文忠公集》的編纂，周必大動員了廬陵學者，歷經從紹熙二年（一一九一）至慶元二年（一一九六）的六年歲月，始得完成。

第二節　現今所見南宋本《歐陽文忠公集》

　　目前在日本、中國大陸和台灣，有數種南宋本《歐陽文忠公集》存在。現陳列如下。

　　首先在日本，有天理大學附屬天理圖書館所藏本（以下稱天理本）和宮內廳書陵部所藏本（以下稱宮內廳本）。

　　天理本《歐陽文忠公集》一百五十三卷之中，卷三十五～卷四十第一葉、卷七十三第十八葉～卷八十五、卷九十四第一葉～第五葉、卷百四十第一葉～第五葉爲缺頁。在這一百五十三卷中，爲後人補寫的亦僅只有二十三卷，大致保留了南宋刊本原型，被指定爲日本國寶。

　　另一方面，宮內廳本，現存卷二十四～卷二十九、卷三十五～卷四十五、卷七十六～卷八十九、卷九十三～卷百十、卷百十六～卷百二十五、卷百三十二～卷百三十三、卷百四十七、卷百四十九～卷百五十三，共六十七卷。

　　接下來是中國國家圖書館所藏本，據《北京圖書館古籍善本書目》載〔註1〕，南宋本有以下十本（爲便於閱覽，特標上序號（1）～（10））：

　　（1）《歐陽文忠公集》一百五十三卷　宋歐陽脩撰　附錄五卷　宋慶元二
　　　　　年周必大刻本〔卷三至六、三十八至四十四、六十一至　六十三、
　　　　　九十五、一百三十四至一百四十三配明抄本〕　四十六冊

　　（2）《歐陽文忠公集》一百五十三卷　宋歐陽脩撰　宋慶元二年周必大刻
　　　　　本〔卷六十二至六十五配抄本〕十六冊　存四十卷　四至七　五十
　　　　　五至六十七　七十二至七十三　八十七至八十九　一百十二至一百

〔註1〕《北京圖書館古籍善本書目》（北京：書目文獻出版社，一九八七年）。

十七　一百二十至一百二十四　一百四十六　一百四十八　一百四十九至一百五十三

（3）《歐陽文忠公集》一百五十三卷　宋歐陽脩撰　宋慶元二年周必大刻本　三冊　存五卷　五十二至五十四　九十六　一百十九

（4）《歐陽文忠公集》一百五十三卷　宋歐陽脩撰　年譜一卷　宋胡柯撰　宋刻本　二十一冊　存七十二卷　二十至二十四　四十六至六十四　六十八至七十五　九十五至一百十四　一百十七至一百二十七　一百三十四至一百三十七　一百四十一至　一百四十二　一百四十四至一百四十六

（5）《歐陽文忠公集》一百五十三卷　宋歐陽脩撰　宋刻本　二冊　存四卷　八十二至八十五

（6）《歐陽文忠公集》一百五十三卷　宋歐陽脩撰　宋刻本　二冊　存九卷　九十七至一百一　一百五十至一百五十三

（7）《歐陽文忠公集》一百五十三卷　宋歐陽脩撰　宋刻本〔卷三十至三十四配清初抄本〕　十六冊　存五十卷　一至五十

（8）《歐陽文忠公集》一百五十三卷　宋歐陽脩撰　附錄五卷　宋刻本　二十冊　存七十五卷　一至二　五十一至六十五　七十一至八十九　一百二至一百十八　一百二十五至一百四十三　附錄一至三

（9）《歐陽文忠公集》一百五十三卷　宋歐陽脩撰　宋刻本　二冊　存十一卷　四十至五十

（10）《歐陽文忠公集》一百五十三卷　宋歐陽脩撰　宋刻本　鄧邦述跋　四冊　存四卷　二十至二十三

　　最後，台灣國家圖書館所藏南宋本《歐陽文忠公集》，據《國立中央圖書館善本書目》載〔註2〕，有以下三種（承上，標上序號（11）～（13））：

（11）《歐陽文忠公集》　存三卷三冊　宋歐陽脩撰　南宋刊本　存奏議卷十一至卷十三

（12）《歐陽文忠公集》　存五卷三冊　宋歐陽脩撰　南宋中期覆周必大吉州刊本　墨批　存居士集目錄及居士集卷四十一至卷四十四

（13）《歐陽文忠公集》　存一卷一冊　宋歐陽脩撰　南宋中期覆周必大吉州刊本　存表奏書啓四六集第七

〔註 2〕《國立中央圖書館善本書目》（台北：國立中央圖書館，一九六二年）。

　　其中，在實際調查時，發現（11）破損嚴重，刻工亦無法辨認，因此，不得不十分遺憾地將（11）從本文的考察對象裡排除。

　　以上為日中台三地所藏南宋本《歐陽文忠公集》的具體情況。它們可以整理成幾個不同的系統本，而在此基礎上，確認究竟哪個為周必大原刻本《歐陽文忠公集》，便是本文目的。

第三節　目錄中所見周必大原刻本《歐陽文忠公集》

　　關於上述各圖書館所藏南宋本《歐陽文忠公集》，先對各目錄中記載情況進行確認。尤其關注其是否為慶元二年（一一九六）所刊周必大原刻本《歐陽文忠公集》。下面分別予以論述。

　　文化廳監修的《國寶》中〔註3〕，對天理本的記述如下：

> 本書為宋刊本，計一百五十三卷。另附錄五卷收錄於第三十九冊。……此為慶元二年刊刻，可認定為當時所印行之本。

此處，將天理本認定為慶元二年刊行的周必大原刻本。於此同時，關於宮內廳本，《圖書寮典籍解題　漢籍篇》的記述如下〔註4〕：

> 陳振孫《書錄解題》，著錄《六一居士集》一百五十二卷（實為一百五十三卷之誤）。
>
> 周益公解相印歸，用諸本編校，定為此本，且為之年譜。自《居士集》、《外集》而下，至於《書簡集》，凡十，各刊之家塾。

其中所記載的，即是宮內廳本概況：「周益公解相印歸，用諸本編校，定為此本，且為之年譜。」此一記載，是說周必大辭官之後，開始編纂歐陽脩的全集。換言之，即是指周必大進行原刻本的《歐陽文忠公集》編纂一事。也就是說，《圖書寮典籍解題·漢籍篇》亦將宮內廳本記載為周必大原刻本。

　　另外，《北京圖書館古籍善本書目》是將其所載的（1）、（2）、（3）本認定為周必大原刻本。

　　（1）《歐陽文忠公集》一百五十三卷　宋歐陽脩撰　附錄五卷　宋慶元二年周必大刻本〔卷三至六、三十八至四十四、六十一至六十三、九十五、一百三十四至一百四十三配明抄本〕四十六冊

〔註3〕文化廳監修《國寶》（東京：每日出版社，一九八四年）。

〔註4〕宮內廳書陵部編《圖書寮典籍解題　漢籍篇》（東京：大藏省印刷局，一九六〇年）。

（2）《歐陽文忠公集》一百五十三卷　宋歐陽脩撰　宋慶元二年周必大
　　刻本〔卷六十二至六十五配抄本〕十六冊　存四十卷　四至七　五
　　十五至六十七　七十二至七十三　八十七至八十九　一百十二至一
　　百十七　一百二十至一百二十四　一百四十六　一百四十八　一百
　　四十九至一百五十三

（3）《歐陽文忠公集》一百五十三卷　宋歐陽脩撰　宋慶元二年周必大
　　刻本　三冊　存五卷　五十二至五十四　九十六　一百十九

　　這（1）、（2）、（3）本均記載爲「宋慶元二年周必大刻本」，所以慶元二
年刊行的同一周必大原刻本流傳到中國國家圖書館的便有三本了。

　　最後，關於台灣的國家圖書館所藏本，《國立中央圖書館書目》的記載是，
一本爲「南宋刊本」，另兩本爲「南宋中期覆周必大吉州刊本」。所謂「南宋
中期覆周必大吉州刊本」，即是後來的覆刻本，非周必大原刻本。（11）雖記載
爲「南宋刊本」，但不知其是否爲周必大原刻本，且如前述，因其破損嚴重，
無法調查，所以台灣的國家圖書館本（11）暫且不列爲考察對象。

　　以上根據目錄考察，可知列爲周必大原刻本《歐陽文忠公集》的，計有
天理本、宮內廳本、中國國家圖書館（1）、（2）、（3）本。接下來將對諸本進
行更進一步的詳細考察。

第四節　周必大原刻本的相關舊說

　　目前對周必大原刻本《歐陽文忠公集》的系統進行整理研究的，僅有對
天理本進行調查過的阿部隆一氏《天理圖書館藏宋金元版本考》一文〔註5〕。
文中在「《歐陽文忠公集》一五三卷附錄五卷　宋歐陽脩撰　孫謙益校〔宋寧
宗朝〕刊　三八冊」一項，記載如下：

　　　本書爲周必大在紹熙年間召集門客，以歐陽脩之子歐陽發的編定本
　　等諸本爲基礎，進行校勘，並於慶元中刊行於吉州之本。但題爲周
　　必大校刊之宋槧本，有以下三種。（一）此本及台灣中央圖書館藏本
　　（存《居士集目錄》卷四一～四四）；（二）宮內廳書陵部（存六四
　　卷）、中央圖書館（存表奏書啓四六集卷七）藏本、北京圖書館現藏
　　瞿氏（存首五〇卷）、潘氏寶禮堂（零本）舊藏本；（三）北京圖書

〔註5〕阿部隆一〈天理圖書館藏宋金元版本考〉收入《天理圖書館報ビブリア》七
　　　十五（天理：天理大學出版部，一九八〇年）。

館藏本（配明抄本，四六冊，《中國版刻圖錄》一四三著錄）。此三
種系統本大致互爲覆刻，刊行年代亦較相近，但均難認作慶元年間
吉州所刊周氏原刻本。從字體來看，（一）與（三）極其相似，（二）
稍有不同。《中國版刻圖錄》將（三）中的北京圖書館本認定爲吉州
原刻本，且述「稍後江西地區又捆此本翻刻二次、行款版式悉同、
世亦誤認爲吉州本」。因（三）未曾得見，難以斷定，僅從書影字樣
推測，其說或是。

阿部氏提及天理本爲「慶元年間吉州刻本」，可見他亦將其認定爲周必大原刻
本。在此阿部氏所述及的台灣中央圖書館，現名國家圖書館；北京圖書館，
現亦稱國家圖書館，在本文裡稱它們爲台灣國家圖書館、中國國家圖書館以
示區別，並據此再對阿部氏的記述做一整理。阿部氏所言三種宋刊本，歸納
如下。

（一）天理本、台灣國家圖書館本（第二章所述（12）《歐陽文忠公集》）

＊ 天理本與台灣國家圖書館本（12）刻工相同，如阿部氏所記載，它們
　　爲同一版本。

（二）宮內廳本、台灣國家圖書館本（第二章所述（13）《歐陽文忠公集》）、
　　中國國家圖書館所藏瞿氏本（第二章所述（7）《歐陽文忠公集》
　　一百五十三卷　宋歐陽脩撰　宋刻本　存五十卷？）、潘氏寶禮堂
　　（零本）舊藏本（目前難以確認是哪個本子）

＊ 宮內廳本與台灣國家圖書館本（13）刻工一致，爲同一版本。另，阿
　　部氏所言瞿氏本（存首五〇卷），疑爲第二章所列中國國家圖書館所
　　藏（7）《歐陽文忠公集》，目前尚未進行詳細調查。此外，潘氏寶禮
　　堂（零本）舊藏本，目前亦無法進行確認。因此，瞿氏本與潘氏寶裡
　　堂本（零本），本文皆暫不作考察。

（三）中國國家圖書館本（第二章所述（1）《歐陽文忠公集》一百五十
　　三卷　宋歐陽脩撰　附錄五卷　宋慶元二年周必大刻本〔卷三至
　　卷六、三十八至四十四、六十一至六十三、九十五、一百三十至
　　一百四十三配明抄本〕）。

而且，阿部氏還從字體來判斷（一）與（三）酷似，與（二）不同，並
支持《中國版刻圖錄》中認爲（三）是周必大原刻本（吉州原刻本）的說法。
「從字體來看，（一）與（三）極其相似」，這一記述，顯然表明阿部氏認爲

（一）與（三）爲同一版本。因此，對於原本就將（一）天理本認定爲周必大原刻本的阿部氏來說，被他認爲與（一）是同一版本的（三），在《中國版刻圖錄》被記述爲周必大原刻本，此點可說是對其說法的強力補充。

　　但是，筆者在對（一）～（三）進行調查的過程當中，發現阿部氏的說法有待訂正。例如，對《居士集》卷一（《歐陽文忠公集》卷一）部分的刻工名進行調查，發現（一）天理本與（三）中國國家圖書館本（1）的刻工完全迴異（另，與中國國家圖書館本（1）爲同一版本的台灣國家圖書館本（12）缺此一部分，無法調查）。

《居士集》卷一（《歐陽文忠公集》卷一）

	天理本	國家本
1 葉	乘源	陳廣
2 葉	乘源	陳廣
3 葉	乘源	陳廣
4 葉	乘源	陳廣
5 葉	乘源	李奇
6 葉	乘源	李奇
7 葉	乘源	劉忠
8 葉	乘源	劉忠
9 葉	乘源	梅
11 葉	官達	梅
12 葉	官達	藍廣
13 葉	官達	葉新
14 葉	官達	陳弁
15 葉	官達	（空欄）
16 葉	官達	廣
17 葉	官達	寧

　　由於刻工完全不同，顯示（一）天理本與（三）中國國家圖書館本（1）是在不同時期刊行的，所以阿部氏認爲（一）天理本與（三）中國國家圖書館本（1）是同一版本的說法難以成立。調查的結果顯示，與（三）中國國家圖書館本（1）版本相同的是（二）宮內廳本、台灣國家圖書館本（13）。也

就是說，從刻工判斷，（一）天理本、台灣國家圖書館本（12）與（三）中國國家圖書館本（1）並非同一版本，而（二）宮內廳本、台灣國家圖書館本（13）與（三）中國國家圖書館本（1）則爲同一版本。

筆者在拙稿〈關於天理本《歐陽文忠公集》〉中〔註6〕，曾根據對周必大作品中與《歐陽文忠公集》編纂一事相涉的文章進行考察後，明白了天理本並非周必大原刻本。天理本是屬於在周必大的原刻本刊行之後，經過周必大之子周綸進行修訂再刻的一個系統本。這樣看來，既然阿部氏所說的（一）天理本系統（含台灣國家圖書館本（12））並非周必大原刻本，那麼與它們不同版本的殘本，即（二）宮內廳本、台灣國家圖書館本（13）以及（三）中國國家圖書館本（1）有沒可能就是周必大原刻本呢。另外，如前面第二節所確認的，中國國家圖書館本（2）、中國國家圖書館本（3）在《北京圖書館古籍善本書目》中亦被確定爲周必大原刻本，它們與中國國家圖書館本（1）爲同一版本，下面便以中國國家圖書館本（1）爲代表，對中國國家圖書館所藏周必大原刻本進行考察。

第五節　周必大原刻《歐陽文忠公集》

阿部氏所認爲是周必大原刻本的（一）天理本、台灣國家圖書館本（12）其實並非原刻本，那麼（二）宮內廳本、台灣國家圖書館本（13）與中國國家圖書館本（1）是否就是原刻本了呢，事實上亦並非如此。

作爲考察的線索，先來看《歐陽文忠公集》卷二十（《居士集》卷二十）的卷末部分。此卷最末收錄的作品爲《資政殿學士戶部侍郎文正范公神道碑銘》，在這篇作品後，空一行記有：

　　《居士集》卷第二十
　　　熙寧五年秋七月男發等編定
　　　　紹熙二年三月郡人孫謙益校正

「熙寧五年秋七月男發等編定」，從這一記載看來，是歐陽脩之子歐陽發在熙寧五年（一〇七二）閏七月歐陽脩臨終前不久，才將《居士集》五十卷編定，在《居士集》五十卷各卷末均有此記載。次之「紹熙二年三月郡人孫謙益校正」，是指周必大等人在編纂《歐陽文忠公集》的紹熙二年（一一九一），

〔註6〕參看本書前篇第六章〈關於天理本《歐陽文忠公集》〉。

校正者之一的孫謙益將《居士集》卷二十校正完畢。這一記載在《居士集》
各卷末亦可見。意即，在周必大編纂《歐陽文忠公集》過程當中，孫謙益一
人承擔了整個《居士集》五十卷的校正工作。

　　值得注意的是，（三）中國國家圖書館本（1）在「紹熙二年三月郡人孫
謙益校正」後次行有以下記述。（參照文末圖 1。另外，與（三）中國國家圖
書館本（1）為同一版本的（二）宮內廳本、台灣國家圖書館本（13）缺此一
部分，無法調查。）

　　　　《范文正公神道碑》：自公坐呂公貶，羣士大夫各持二公曲直。呂公
　　　　患之，凡直公者，皆指為黨，或坐竄逐。及呂公復相，公亦再起被
　　　　用。於是二公驩然相約，戮力平賊。天下之士皆以此多二公。然朋
　　　　黨之論遂起，而不能止。

這段以《范文正公神道碑》起首的文字：「自公坐呂公貶……而不能止」，為
《資政殿學士戶部侍郎文正范公神道碑銘》的原文內容。在其後，續有「按
司馬文正公《記聞》：「景祐中，呂許公執政。范文正公知開封，屢攻呂短，
坐落職知饒州……。」又蘇文定公《龍川志》：「范文正自饒州還朝……。」《邵
氏聞見錄》：「當時、文正子堯夫不以為然……。」陳無己《談叢》敘二公曲
折、未必盡然……無己謂歸重而自訟，過矣」這一大段文字。這是針對范仲
淹之子范堯夫擅自更改歐陽脩所作《資政殿學士戶部侍郎文正范公神道碑銘》
中「自公坐呂公貶……及呂公復相，公亦再起被用。於是二公驩然相約，戮
力平賊」這段文字一事，引用司馬光《涑水記聞》、蘇轍《龍川別志》、邵伯
溫《邵氏聞見錄》、陳師道《後山談叢》裡的記載來進行轉述。

　　「《范文正公神道碑》……無己謂歸重而自訟，過矣」這一部分與周必大
等人的全集編纂結合起來看，便會產生一些疑問。首先，在「紹熙二年三月
郡人孫謙益校正」之後續寫的部分，是誰所記述，並不明確。若要說是周必
大等人在全集編纂時將之加入的話，由於前面已收錄《資政殿學士戶部侍郎
文正范公神道碑銘》，因此沒必要在此重複記錄《范文正公神道碑》這段內容
相同的文字，且在其後添加與此事相關的他人記載。換言之，對《范文正公
神道碑》原文進行引用，然後再記述與此事相關的一些事後言論，這一自身
形式和內容皆完整的部分，恐與全集編纂裡的文字校勘毫無關係，所以很難
將其認定是全集編纂時周必大等人特意加入的。也就是說，這部分內容可能
是在周必大全集編纂完成後，經人再行補入的記述。

同時，再來看第二節所述《北京圖書館古籍善本書目》中「（10）《歐陽文忠公集》一百五十三卷　宋歐陽脩撰　宋刻本　鄧邦述跋　存四卷」，它的這一部分內容為：

　　《居士集》卷二十
　　　熙寧五年秋七月男發等編定
　　　　紹熙二年三月郡人孫謙益校正

「紹熙二年三月郡人孫謙益校正」這一記載的次行為空白欄（參照文末圖 2）。也即沒有前面那一段認為是後來補入的記述，「紹熙二年三月郡人孫謙益校正」，便是《居士集》卷二十的結尾。孫謙益作為周必大遴選的校勘者之一，非常負責地對直到卷二十最末部分認真地進行了校勘。如此看來，此鄧邦述跋本，有可能就是周必大原刻本《歐陽文忠公集》，在這一原刻本刊行之後，與正文《資政殿學士戶部侍郎文正范公神道碑銘》相關的雜記——「《范文正公神道碑》……無己謂歸重而自訟，過矣」則是在之後被添補進來，這樣考慮，當更為合理。

　　另外，非周必大原刻本，而是後來刊行的天理本，在《居士集》卷二十末「紹熙二年三月郡人孫謙益校正」之後，與中國國家圖書館本（1）一樣，以「范文正公神道碑」字樣起首，與《資政殿學士戶部侍郎文正范公神道碑銘》正文內容相關的一段雜記文字亦被載入（參照文末圖 3）。因此，屬於周綸修訂本系統的天理本中，附有與范仲淹神道碑相關事後言論的雜記，應也是和中國國家圖書館本（1）一樣，是在原刻本刊行之後，經人再行補入的。此外，在《圖書寮典籍解題漢籍篇》中認定為周必大原刻本的宮內廳本，因缺卷二十部分，所以無法調查，但如前所述，宮內廳本其它部分的刻工與中國國家圖書館本（1）完全一致，所以宮內廳本也是在周必大原刻本刊行之後，重新進行編纂的一個版本。而且，天理本同中國國家圖書館本（1）、宮內廳本刻工不同，非屬同一版本，因此可見，在周必大原刻本刊行之後，為了配合不斷增補的各種記述，南宋時代的《歐陽文忠公集》勢必也經歷多次刊行。

　　當然，鄧邦述跋本亦有可能是將卷二十末「紹熙二年三月郡人孫謙益校正」後添加的《范文正公神道碑》……無己謂歸重而自訟，過矣」這段文字，進行了刪除。如若鄧邦述跋本真是將此段文字予以刪除，應也不是刻工隨意為之，當是有先前的版本或是資料為依據，進行的刪除。所以，鄧邦述跋本

至少也是反映了周必大原刻本《歐陽文忠公集》的形態。在天理本和中國國家圖書館本（1）的卷二十以外的其它卷末，也屢見各種「續添」，甚至在「續添」之後更有「又續添」的部分。可見，在周必大原刻本《歐陽文忠公集》完成之後刊行的其它各種版本，有不斷添加新的資料與記述的編纂傾向。與此相反，將天理本和中國國家圖書館本（1）卷末記述刪除的這種編纂形式，除鄧邦述跋本外，暫未發現有其它南宋本如此。那麼，結合當時的這種編纂實況來看，鄧邦述跋本是在原刻本成立之後，對原刻本的記述予以刪除進而編纂而成的想法難以成立，因此鄧邦述跋本應還是反映了周必大原刻本的形態。但是，鄧邦述跋本只殘存卷二十至卷二十三共四卷，難以進行更為詳細的考察，實乃一大遺憾。

第六節 結 語

通過以上考察，可知周必大原刻本《歐陽文忠公集》，並非為阿部氏認為有可能是原刻本的（一）天理本、台灣國家圖書館本（12），（二）宮內廳本、台灣國家圖書館本（13），（三）中國國家圖書館本（1）。保持了周必大原刻本形態的，應是第二節所引《北京圖書館古籍善本書目》中記述為宋刻本的鄧邦述跋本。阿部氏所言的（一）～（三）幾個版本，雖一直為人所關注，但實際上均非周必大原刻本。

鄧邦述（一八六八～一九三九），字孝先，號正闇，江蘇江寧（今南京市）人，清末民初藏書家。其藏書樓名「群碧樓」，鄧邦述跋本《歐陽文忠公集》便蓋有「群碧樓讀」藏書印。鄧邦述題跋寫於一九二五年，其中沒有此書為周必大原刻本的相關記載，應是鄧邦述沒有認識到此書為原刻本，或是沒有深究是否為原刻本這一問題。

綜上所述，刊行於慶元二年（一一九六）的周必大原刻本《歐陽文忠公集》，極有可能就是目前為止，各種目錄及研究都未曾注意到的中國國家圖書館所藏的鄧邦述跋本（《北京圖書館古籍善本書目》記載為「《歐陽文忠公集》一百五十三卷 宋歐陽脩撰 宋刻本 鄧邦述跋 存四卷 四冊 二十至二十三」）。

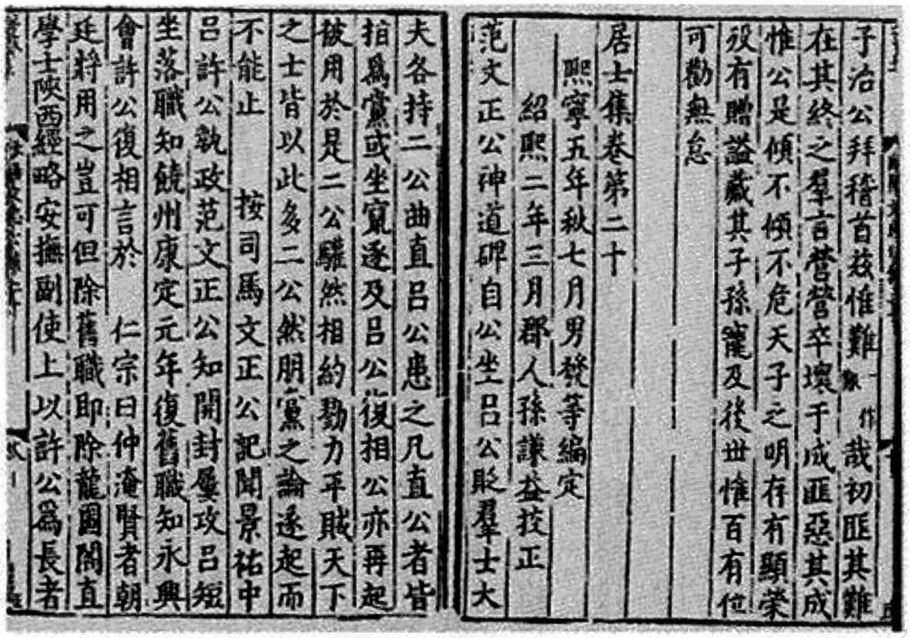

予治公拜稽首茲惟難一作艱哉初匪其難
在其終之羣言營營卒壞于成匪惡其成
惟公是傾不傾不危天子之明存有顯榮
没有贈謚藏其子孫寵及後世惟百有位
可勸無怠

居士集卷第二十
熙寧五年秋七月男發等編定
紹熙二年三月郡人孫謙益校正
范文正公神道碑自公坐呂公貶羣士大
夫各持二公曲直呂公患之凡直公者皆
指爲黨或坐竄逐及呂公復相公亦再起
被用於是二公驩然相約勠力平賊天下
之士皆以此多二公然朋黨之論遂起而
不能止　按司馬文正公記聞景祐中
呂許公執政范文正公知開封屢攻呂短
坐落職知饒州康定元年復舊職知永興
會許公復相言於　仁宗曰仲淹賢者朝
廷將用之豈可但除舊職即除龍圖閣直
學士陝西經略安撫副使上以許公爲長者

圖 1　中國國家圖書館本（1）

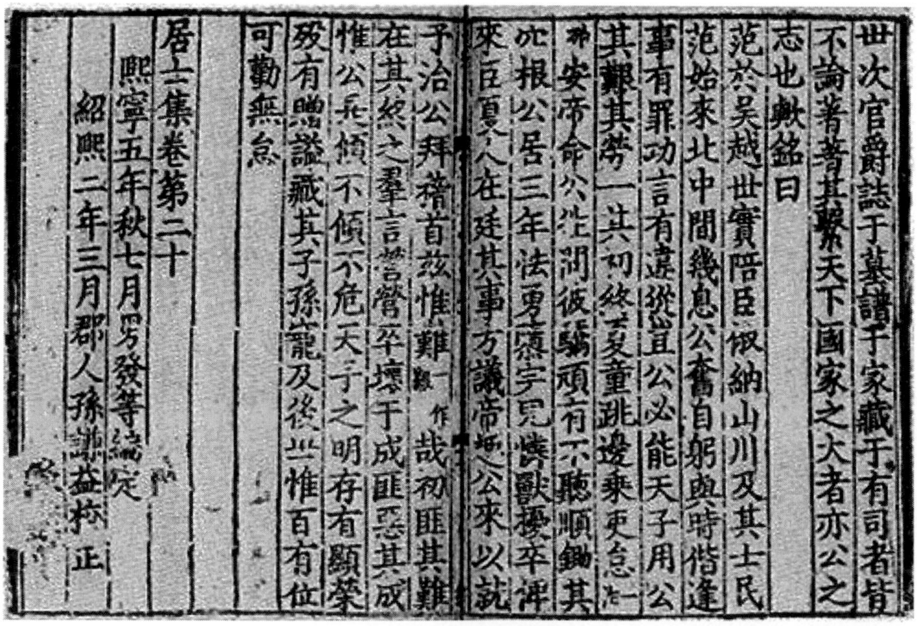

世次官爵誌于墓譜于家藏于有司者皆
不論著著其繫天下國家之大者亦公之
志也歟銘曰
范於吳越世實陪臣俶納山川及其士民
范始來北中間幾息公奮自躬與時偕逢
事有罪功言有違從豈公必能天子用公
其艱其勞一其初終夏童跳邊乘吏怠一作
安帝命公往問彼驕頑有不聽順鋤其
穴根公居三年怯勇隳完兒憐獸擾卒俾
來臣夏人在廷其事方議帝趣公來以就
予治公拜稽首茲惟難一作艱哉初匪其難
在其終之羣言營營卒壞于成匪惡其成
惟公是傾不傾不危天子之明存有顯榮
没有贈謚藏其子孫寵及後世惟百有位
可勸無怠

居士集卷第二十
熙寧五年秋七月男發等編定
紹熙二年三月郡人孫謙益校正

圖 2　鄧邦述跋本

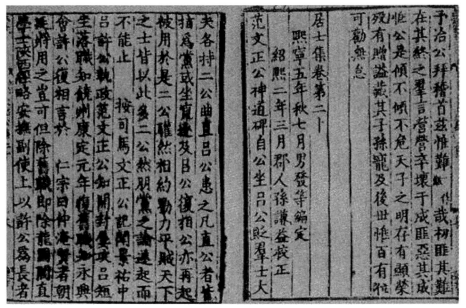

圖 3　天理本

第六章　關於天理本《歐陽文忠公集》

緒　言

　　此次新發現的歐陽脩九十六篇書簡，原收錄於天理大學附屬天理圖書館所藏《歐陽文忠公集》裏。至於九十六篇書簡被收錄於天理本的過程，及其迄今爲止不爲人知的原因，還有天理本的流傳情況，在本書前篇第一章《歐陽脩書簡九十六篇之發現》裏已有詳述。

　　本章的目的在於以天理本爲視點出發，考察其刊行過程，並闡明收錄有這九十六篇書簡的天理本之特色。

第一節　天理本相關之舊說

　　歐陽脩的全集《歐陽文忠公集》一百五十三卷及附錄五卷，是由南宋周必大等人編纂，並流傳至今。前章所言的南宋本《歐陽文忠公集》現在中國大陸與台灣均有收藏，但皆非全本，且保存狀況不佳。日本天理大學附屬天理圖書館所藏南宋本《歐陽文忠公集》，雖一部分經後人補寫，但仍接近全本，且保存良好。其版刻型態爲：

　　　　長二十八厘米，寬十三點八厘米。

　　　　半葉十行，每行十六字，注文雙行，左右雙邊。

　　　　版心下方有刻工姓名。

　　　　一部分爲後人補寫（補寫部分爲卷三十五～卷四十第一葉、卷七十三第

十八葉～卷八十五、卷九十三第一葉～第五葉、卷九十四第二十六葉～第二十九葉、卷百四十第一葉～第十六葉）。

　　一百五十三卷之中，後人補寫部分，僅不過二十二卷，較好地保存了南宋刊本原貌，所以在一九五二年天理本被日本指定爲國寶。

　　據對天理圖書館所藏宋、金、元刻本進行過詳細考察的阿部隆一氏的研究〔註1〕，《歐陽文忠公集》的刻工多是寧宗朝（一一九四～一二二四）人，他們的活動時期是從孝宗（一一六二～一一八九）後期直到理宗（一二二四～一二六四）初年這三十餘年之間。由於刊刻以缺筆避光宗（一一八九～一一九四）名諱「惇」及相關文字，可以判定天理本應爲寧宗朝前期刊刻。只是，此處阿部氏雖斷定爲前期卻沒有相關論據。如前章所述，阿部氏亦將天理本視爲慶元二年（一一九六）刊行的周必大原刻本，可能爲了與此結論相符，所以推定爲寧宗朝前期。如阿部氏所說，刻工的活動時期是直到理宗初年，所以天理本刊行時間的下限也理所當然地被認定爲理宗初年。

　　周必大在《歐陽文忠公集後序》中有段記載〔註2〕：

　　　　起紹熙辛亥春，迄慶元丙辰夏，成一百五十三卷，別爲附錄五卷。

由此可見，《歐陽文忠公集》的編纂時期是從紹熙二年（一一九一）到慶元二年（一一九六）。日本文化廳監修的《國寶》（東京：每日新聞社，一九八五年）中認定天理圖書館所藏《歐陽文忠公集》是周必大原刻本，爲慶元二年出版。另一方面，《善本寫眞集十九　宋版》（天理：天理圖書館，一九六二年）中記載「通過勘考刻工可知此爲慶元、嘉泰之交所刊刻」。他們認爲刊行的時期應爲慶元年間（一一九五～一二〇〇）到嘉泰年間（一二〇一～一二〇四）的交替之際，但編纂時期卻沒能確定。但是，通過考察《歐陽文忠公集》的編纂者周必大的文章，當可細緻考訂天理本《歐陽文忠公集》的編纂時期。下面即以天理本爲視點來進行考察。

第二節　關於周必大的《歐陽文忠公集》編纂工作

　　周必大在《歐陽文忠公集後序》中對參加《歐陽文忠公集》編纂的學者

〔註1〕阿部隆一〈天理圖書館所藏宋金元版本考〉收入《天理圖書館報ビブリア》七十五（天理：天理大學出版部，一九八〇年）。

〔註2〕周必大《文忠集》以《影印文淵閣四庫全書》（台北：臺北商務印書館，一九八三年）爲底本。

有如下記述：

> 會郡人孫謙益老於儒學，刻意斯文。承直郎丁朝佐博覽群書，尤長
> 考證。於是遍搜舊本，傍采先賢文集，與鄉貢進士曾三異等互加編
> 校。

從中可以看出，周必大列舉了《歐陽文忠公集》的三位編纂者：孫謙益、丁朝佐、曾三異。關於孫謙益，在《居士集》五十卷每卷末均有「紹熙二年三月郡人孫謙益校正」的記載。在全集編纂初期，《歐陽文忠公集》收錄的《居士集》五十卷部分的校勘工作正是由孫謙益完成的。另外，還可參看周必大寫給孫謙益的一封信（紹熙五年六月）：

> 曾無疑送別集目錄來，共三冊，並移改手書五卷，丁朝佐箚子一幅，
> 並納呈。幸仔細點勘，疾速送示。恐未能併了。

由此可見，周必大曾將曾無疑（曾三異的字）的目錄、丁朝佐的箚子交給孫謙益再次校勘。另外，還可列舉另外一封書簡（紹熙五年）：

> 今汲汲欲得總目及諸集排比，庶免因循，何乃遲遲如此。

周必大敦促孫謙益加快對《歐陽文忠公集》目錄和各集排列的考證，以免影響成書進度。可以看出，周必大在編纂全集時最依賴孫謙益。

關於丁朝佐，通過《居士集》卷二十五、卷三十一的卷末校勘記可知〔註3〕，丁氏精於文字語彙的校正。《居士集》卷三十一校勘記記載如下：

> 朝佐〔註4〕考公集，怠、迨、殆三字似通用。……此亦以怠爲殆
> 也。……此則以迨爲殆也。諸本間有改者，覽者以意讀之。

正如周必大在《歐陽文忠公集後序》贊丁朝佐「尤長考證」之語，文字異同的校核，在全集編纂中乃是不可或缺的部分，而這正是丁朝佐擅長之處。關於曾三異，周必大在寫給他的一封信（紹熙四年）〔註5〕中說道：「蒙索元稿，

〔註3〕《歐陽文忠公集》各卷末，有校正者的校訂意見及校異，本章均稱之爲「校勘記」。

〔註4〕此處天理本作「位」字。《四部叢刊》本及其他諸本皆作「佐」字，因是校勘部分的記載，所以「朝佐」當是指「丁朝佐」，天理本可能因兩字字形相似而致誤。

〔註5〕《文忠集》（《四庫全書》所收）中，此信寫於「紹興四年」。紹興四年是一一三四年，周必大九歲，所以「紹興四年」，當是「紹熙四年」之誤。此一錯誤，森山秀二〈歐陽脩のテキストについて──その成立過程を中心に〉收入《立正大學教養部紀要》第二十七號（東京：立正大學教養部，一九九三年）一文亦曾指出。本章皆作「紹熙四年」，下同。

謹封納。」可知周必大等人編纂《歐陽文忠公集》時所用原稿的一部分，爲曾三異所收藏之物。

天理本《歐陽文忠公集》的卷末，有包括上述三人在內的全集校正者、覆校者一覽表：

　　　　編定校正：孫謙益、丁朝佐、曾三異、胡柯

　　　　覆校：葛澤、王伯芻、朱岑、胡炳、曾煥、胡渙、劉贊、羅泌

在上述三人之外，還列舉了另一位校正者胡柯，他的職責不甚明確〔註6〕。關於覆校者，從《歐陽文忠公集》各卷末的校勘記部分，可以明白各人所擔當部分，《河北奉使奏章》上、下部分皆署有「紹熙五年十月郡人王伯芻校正」，可知此一部分有王伯芻擔當校正。關於王伯芻，在「濮議」卷末校勘記有「紹熙五年十月郡人孫謙益、王伯芻校正」字樣。另外，《近體樂府》卷三的校勘記裏有「郡人羅泌校正」，由此可知，《近體樂府》部分爲羅泌擔當校正。其他的覆校者，尚不能明確他們所負責校正的範圍。

關於《歐陽文忠公集》的刊行過程，周必大在給曾三異的信中（紹熙四年）曾這樣說：

　　　　《六一集》方以俸金，送劉氏兄弟，私下刻板。

紹熙四年（一一九三）左右，周必大已將資金交付刻工劉氏兄弟，開始版刻。此外，周必大在《歐陽文忠公集後序》中有「第首尾浩博，隨得隨刻，歲月差互，標註牴牾，所不能免」等語。可知是校勘完一部分便立即付諸版刻。例如，《奏議集》卷十七的校勘記裏載有：

　　　　皆當以「一作」爲正。已刻板，難盡易，書示後人，使知所擇焉。

當初因爲在編纂階段即存在異本的緣故，便將異文以「一作」這樣的形式附在其後。但後來確認「一作」的異文乃爲正，卻由於已經刻板，難以更改，所以將「一作」是正確文字的情況在校勘記中加以說明。由於校勘完畢一部分即將此一部分付與版刻，其後雖有變更，卻難以再對本文進行更改。另外，在《歐陽文忠公集》所收的《書簡》部分最後所附校勘記云：

　　　　雖併注歲月，而先後間有差互。既已誤刊，重于改易，姑附註其下。

《書簡》部分後來也發現有錯誤之處，但既已版刻，很難改易，便標附註於其下，這一事實在校勘記中進行了說明。例如《書簡》卷八〈答韓宗彥〉中

〔註6〕關於胡柯所擔當的職責，〔注5〕中的森山秀二論文也有考察，如森山氏所言，
　　　　其職責仍難以弄清。

有注曰：「本卷前有答韓欽聖二幅即宗彥也。誤置此。」確實，在卷八中已經收錄有〈答韓欽聖〉的書信，〈答韓宗彥〉與〈答韓欽聖〉是一組相連的書信，本應放在一處，但當時沒有認識到韓欽聖與韓宗彥爲同一人，兩封信就被分開付刻了。後來發現二人爲同一人，便追加了此注進行補充說明。

　　從以上所述可知，《歐陽文忠公集》一百五十三卷及附錄五卷，大部分是在紹熙二年（一一九一）至慶元二年（一一九六）六年間編纂出來的，期間周必大即校即刻的工作方針被貫徹始終。

第三節　周綸的修訂本

　　陳振孫的《直齋書錄解題》，作爲對南宋中期以來流傳書籍的解題，其卷十七關於歐陽脩全集有如下記載：

> 其集遍行海內，而無善本。周益公解相印歸，用諸本編校，定爲此本，且爲之年譜。自《居士集》、《外集》而下，至於《書簡集》，凡十，各刊之家塾。其子倫又以所得歐陽氏傳家本，乃公之子棐叔弼所編次者，屬益公舊客曾三異校正，益完善無遺恨矣。

由此可見，周必大編纂的歐陽脩全集刊行之後，其子周綸進行過重新修訂。如前所見，周必大是即校即刻，亦如陳振孫所言，周必大編纂的《歐陽文忠公集》也一定出版過了。此後，周綸得到了一些新的資料，即所謂的歐陽氏家傳本，也就是歐陽脩的兒子歐陽棐的編纂本。因此，周綸爲了完善起見，再度請曾三異擔當校正，經過校勘，然後刊行了新的修訂本。關於此一過程，《四庫全書總目》卷一百五十三的歐陽脩《文忠集》提要中說道：

> 而振孫所云綸得歐陽氏本附三異校正者，乃在朝佐等校定之後添入刊行，故序未及之歟。

以周必大爲中心編纂的《歐陽文忠公集》，是在校正者丁朝佐等人的校正之後，周綸得到歐陽氏家傳本，然後再度請曾三異進行校正，最後刊行全集，所以在周必大的序文裏，沒有提到周綸修訂一事。曾三異在周必大進行編纂之時便擔當編定校正工作，周綸因他熟知全集編纂工作，所以委以校正重任。陳振孫就是見到的周綸這個修訂本，並爲之作解題。

　　關於周綸所得到的這個歐陽氏家傳本，《四庫全書總目》的歐陽脩《文忠集》提要裏的記述是：

惟卷末考異中多有云公家定本作某者，似即周綸所得之歐陽氏本。

《四庫全書總目》推測卷末校勘記中出現的「公家定本」，即是周綸所得到的歐陽氏家傳本。據此，《居士集》卷十四的卷末校勘記裏的「朝佐考公家定本」便不可小視。因爲丁朝佐是最初周必大編纂《歐陽文忠公集》時的校定者，而並沒有參與周綸修訂時的校定工作。上面提到丁朝佐校勘時使用了「公家定本」，應是周必大最初編纂時就已使用的資料。所以，周綸得到的歐陽氏家傳本，與校勘記中提到的「公家定本」，應是不同本子，《四庫全書總目》的說法不成立。

第四節　關於天理本的刊行

對天理本的刊行時期進行確定時，周必大遺留下來的作品可作爲考察線索。周必大的全集《文忠集》中收錄了四篇他和《歐陽文忠公集》編纂有關的文章：〈歐陽文忠公集古錄序〉、〈歐陽文忠公集古錄後序〉、〈歐陽文忠公集後序〉及〈歐陽文忠公年譜後序〉。天理本收錄了〈歐陽文忠公集古錄序〉、〈歐陽文忠公集古錄後序〉、〈歐陽文忠公集後序〉三篇文章〔註7〕。〈歐陽文忠公集古錄序〉是放在《集古錄跋尾》卷頭的歐陽脩序文後，〈歐陽文忠公集古錄後序〉是在《集古錄跋尾》卷末的校勘部分，〈歐陽文忠公集後序〉則是置於全集最後。

周必大的全集《文忠集》是其子周綸編纂的，陸游在《文忠集原序》中記述：

〔註7〕與周必大編纂《歐陽文忠公集》相關的文章中，〈歐陽文忠公年譜後序〉天理本未收錄，《四部叢刊》則有收錄。後來編纂的《四部叢刊》本在開頭部分有歐陽脩的年譜，在最後又收錄〈歐陽文忠公年譜後序〉。而天理本則是在開頭部分便沒有歐陽脩年譜。同樣是南宋本的中國國家圖書館所藏《歐陽文忠公集》裏也沒年譜。中國國家圖書館藏本與天理本都被認爲是保存了周必大當初的編纂形式，它們均無年譜。另外，《四部叢刊》本中，在年譜後附加的〈歐陽文忠公年譜後序〉文末有「郡人登仕郎胡柯謹記」文字，所以可推斷其作者爲胡柯。但《文忠集》中卻將此〈歐陽文忠公年譜後序〉當作周必大作品予以收錄。其中原委雖不甚明了，但前面提到的森山氏論文作如下推測：「胡柯實際上是在周必大身邊做了很多工作，周必大爲了報答胡柯的努力，而寫上他的名字。或者是如前所述，胡柯作爲編定校正的最終責任者，所以把他的名字記在了作爲編纂的收尾工作——《年譜》的末尾」。另外，因〈歐陽文忠公年譜後序〉未被收入天理本，所以本章不予考察。

> 公既薨逾年，公之子綸以公遺文，號省齋文稿者，屬予爲之序。……
> 開禧元年十二月甲子陸游謹序。

由此看來，周綸托陸游爲《文忠集》作序，陸游則在開禧元年（一二〇五）完成此序。另外，《四庫全書總目》卷一百五十九周必大《文忠集》的提要記載如下：

> 宋周必大撰。……開禧中，其子綸所手訂。以其家嘗刻《六一集》，故編次一遵其凡例。

周必大的《文忠集》，是其子周綸在開禧年間（一二〇五～一二〇七），仿照《六一集》，亦即《歐陽文忠公集》的體例編纂而成。

在周必大所作的有關《歐陽文忠公集》編纂的文章當中，應當注意收錄在《文忠集》中的〈歐陽文忠公集古錄序〉與〈歐陽文忠公集古錄後序〉這兩篇。首先，〈歐陽文忠公集古錄後序〉主要寫的是收錄在《歐陽文忠公集》卷一百三十四到卷一百四十三的《集古錄跋尾》的編纂體例。其內容大抵如下：

> 集古碑千卷，每卷碑在前，跋在後。……公嘗自云四百餘篇有跋，
> 今世所傳本是也。……方崧卿裒聚眞蹟刻板，盧陵得二百四十餘篇，
> 以校集本，頗有異同，疑眞蹟一時所書，集本後或改定。今於逐篇
> 各注何本，若異同不多，則以眞蹟爲主，而以集本所改注其下，或
> 繁簡遼絕則兩存之。

大致闡述完《集古錄跋尾》編纂方針之後，文末又換行空格另起一段寫道：

> 集古跋既刻成，方得公子叔弼目錄二十卷。具列碑之歲月。雖朝代
> 僅差一二，而紀年先後頗有倒置，已具其下。

在《歐陽文忠公集》的《集古錄跋尾》裏，收錄文章的次序以歐陽脩的《集古錄目序》爲先，再是歐陽棐的〈錄目記〉，然後是周必大的〈歐陽文忠公集古錄序〉。在歐陽棐的〈錄目記〉中，敘述了《集古錄》的《錄目》製作過程。另一方面，周必大在〈歐陽文忠公集古錄序〉中提出疑問，認爲〈錄目記〉中所稱《集古錄》跋有二百九十二篇，可能應爲三百九十二篇之誤，或者是，雖然記載歐陽棐〈錄目記〉是作成於歐陽脩六十三歲之時，也即熙寧二年（一〇六九），但若眞是二百九十二篇的話，所以有可能是在歐陽脩年輕時，〈錄目記〉便已完成，後來便無增改。另外，歐陽脩因爲忙碌而讓歐陽棐代做《錄目》一事，亦與歐陽脩《集古錄目序》中「乃撮其大要，別爲目錄」的記載

頗爲矛盾，所以周必大認爲「是皆可疑」，且「姑以棐所記附公本序之後」，所以暫且將歐陽棐〈錄目記〉置於歐陽脩《集古錄目序》之後。從周必大的行文來看，他認爲《錄目》可能並非歐陽棐所作，且對歐陽棐的記述也並不信任。

如上文所述，周必大在〈歐陽文忠公集古錄後序〉文末換行空格記有「方得公子叔弼目錄二十卷。具列碑之歲月。雖朝代僅差一二，而紀年先後頗有倒置，已具其下」。從這來看，作者當是目睹過歐陽棐（叔弼）「目錄」的實物。這裡的「目錄」同前面的「錄目」雖無法確定是否爲同一物，但這一部分的記述，是作者確實在得到歐陽棐的《目錄》後，以它爲基礎而作的注。也就是說，與〈歐陽文忠公集古錄序〉中對歐陽棐作《錄目》的懷疑與不信任的記述形成對照，〈歐陽文忠公集古錄後序〉文末部分卻認定《目錄》爲歐陽棐所作，並依此實際得到的《目錄》對《集古錄跋尾》進行全面調查。因此從內容來看，很難將〈歐陽文忠公集古錄後序〉，與其文末改行空格另寫的一段文字視爲同一人所作。

重新檢視收錄有〈歐陽文忠公集古錄序〉與〈歐陽文忠公集古錄後序〉的周必大《文忠集》，其收錄〈歐陽文忠公集古錄後序〉時，保持著文末換行空格的部分。這部分與前面說明《集古錄跋尾》編纂體例的內容完全不同，且文末換行空格，即是用對本文追加說明的形式表示與前文的區別。若再考慮周綸編纂的周必大《文忠集》收錄的始末，應該可以認爲這是周綸在編纂其父周必大《文忠集》時，爲了對原文進行補充說明，而採用了在文後追加的形式。

此處，讓人想起在陳振孫《直齋書錄解題》的記載中，提及周綸在修訂《歐陽文忠公集》時得到的歐陽氏家傳本，是歐陽脩的兒子歐陽棐所編纂，且《集古錄》目錄的作者也是歐陽棐。在周必大刊行《歐陽文忠公集》之後，周綸得到了歐陽棐的編纂本，也同時得到了歐陽棐所編的《集古錄》目錄二十卷（這個歐陽棐的目錄同歐陽棐編纂的家傳本的關係有些不甚明確，但因編者相同，目錄可能是與編纂本一同被周綸所得到，或者說歐陽棐的編纂本中本就包含了這個目錄〔註8〕），編纂本通過曾三異的校正之後，《歐陽文忠公集》得以修訂並刊行。當時，周綸對照了《集古錄跋尾》和得到的歐陽棐的

〔註8〕陳振孫《直齋書錄解題》卷八中有「歐陽棐撰《集古目錄》二十卷」。可見當時，有單行本的《目錄》流傳。

目錄，發現所收錄的碑刻年代標記有所差異，所以在《集古錄跋尾》後面以換行空格的形式，追加注記，進行補足說明。

　　再來看天理本，天理本《歐陽文忠公集》裏的《集古錄跋尾》卷末校勘記部分，收錄了周必大〈歐陽文忠公集古錄後序〉，且對於《文忠集》中文末換行空格附加的周綸文字，亦按照其換行空格的形式照錄。總而言之，收錄了周綸補記文字的天理本，絕非周必大編纂的《歐陽文忠公集》原刻本，而應是屬於此後刊行的周綸修訂本系統裏的。《四部叢刊》裏所收的《歐陽文忠公集》〔註9〕，它的周綸補記部分沒有換行書寫，而是緊接周必大原文，未加區分。由於與南宋本的編纂時間相去甚遠，《四部叢刊》本的編纂者未能區分周必大的本文與周綸的補足說明。

　　如前所述，天理本用缺筆避光宗諱「惇」，說明刻工者的活躍時期是孝宗（一一六二～一一八九）後期至理宗（一二二四～一二六四）初年，所以天理本刊行時期的下限應是理宗初年左右。因此，天理大學附屬天理圖書館所藏國寶《歐陽文忠公集》一百五十三卷集附錄五卷，並非慶元二年編纂的周必大原刻本，而是在周必大之子周綸修訂後，刊行於理宗初年以前的一個屬於周綸修訂本系統的版本。

〔註9〕《四部叢刊》所收《歐陽文忠公集》記載爲元刊本，但森山秀二〈元刊本『歐陽文忠公集』を巡って〉收入《經濟學季報》第五十一卷第一號（東京：立正大學經濟學會，二〇〇一年）一文認爲，《四部叢刊》所收《歐陽文忠公集》並非元刊本，而是以明代内府本爲底本的。另外，清水茂在《唐宋八家文二》（東京：朝日新聞社，一九七八年）第九九頁中也説「根據《四部叢刊》的目錄認爲其是元刊本，但在故宮博物院編《重整内閣大庫殘本書影》（揚州：江蘇廣陵古籍刻印社，一九三三年）裏看到同一版本的書影，卻注爲明刊本。後者應該是正確的」。

　　（附記）在天理圖書館進行調查時，得到早田一郎、田淵正雄二位相助，此處特表謝意。

後　篇

第一章　試論歐陽脩史書的文體特色

緒　言

　　無論是在以詩詞散文為主的文學方面，還是在以《詩本義》、〈易或問〉等作品為主的經學方面，甚至在目錄學的《崇文總目》，以及被視為金石學的開山之祖的《集古錄》（《集古錄跋尾》）等諸方面，毋庸置疑，歐陽脩都留下了令後人景仰的業績。但本文所要關注的，是其對《五代史記》（《新五代史》）與《新唐書》兩部史書的編撰。

　　《五代史記》由本紀十二卷、列傳四十五卷、考三卷、十國世家十卷、十國世家年譜一卷、四夷附錄三卷、共七十四卷所構成。始撰於景祐四年（一〇三七），時值歐陽脩三十一歲左遷夷陵。另據皇祐五年（一〇五三）四十七歲時寫給梅堯臣書簡中的「只整頓了五代史、成七十四卷」一文，可知該書完成於其四十七歲之時〔註1〕。換言之，《五代史記》是歐陽脩花費了十七年寶貴光陰的心血之作。而且根據歐陽脩的〈免進五代史狀〉可知，當時奉職于唐書局的范鎮曾力勸其把《五代史記》進呈朝廷，卻為歐陽脩所婉拒。《五代史記》最終在歐陽脩生前也未曾被公開，因知可以肯定歐陽脩始終是站在個人的立場來撰寫這部《五代史記》的。

〔註1〕有關《五代史記》的撰寫開始時期，可參考佐中壯〈新五代史撰述の事情〉收入《史學雜誌》第五十編一號（東京：史學會，一九三九年）、石田肇〈新五代史撰述の經緯〉收入《東洋文化》復刊第四十一、四十二合併號（東京：財團法人無窮會，一九七七年）等。歐陽脩有撰寫《五代史記》之念可溯至景祐四年（一〇三七）夷陵左遷以前，但其真正開始動筆還是在夷陵左遷以後，其後花費了十七年間的歲月一直到皇祐五年（一〇五三）才基本完成。

　　《新唐書》則是由本紀十卷、志五十卷、表十五卷、列傳百五十卷、共二百二十五卷所構成。歐陽脩分擔了其中的本紀十卷、志五十卷、表十五卷的撰寫，其外的列傳部分則由宋祁所承擔。《新唐書》本來是由王堯臣、張方平、宋祁等人於慶曆五年（一○四五）奉聖旨開始編纂，但一直無法順利完成。至和元年（一○五四），朝廷再下詔命歐陽脩參與編寫，而於嘉祐五年（一○六○）完書。也就是說，從四十八歲到五十四歲的大約七年間，歐陽脩一直在參與《新唐書》的編纂。

　　一般在談到歐陽脩所撰史書時，研究的重心首先是被放在討論諸如《五代史記》的編纂時期、思想體例等問題上，很少言及《新唐書》。究其原因，乃是《新唐書》二百二十五卷，歐陽脩只不過分擔了其中本紀、志、表的七十五卷，而恰恰最能讓後人通過人物描寫的言辭來管窺作者文才的列傳部分沒有參與。與此相反的是，《五代史記》爲歐陽脩一人所作。且與奉朝廷之命所編撰的官史《新唐書》不同，《五代史記》純爲歐陽脩私撰，更有空間體現其本人的編撰意圖與文體風格。但即便如此，如果要全面的把握歐陽脩的史書編撰，特別是其史書文體的總體風格時，只局限於《五代史記》的研究顯然是不夠的。因此本文欲將研究的視野延伸到鮮爲前人所論及的《新唐書》，力圖對歐陽脩的史書編撰做一個比較全面綜合的論述。

　　另外，雖然注重敘事是史書的最大特徵，但其敘事也仍須借助於文字的羅織。比如對人物事跡的敘錄，雖是爲了勾畫出所記人物的性格特徵，但無疑地，其文字組織亦凝聚了作者的文采匠心。因此不可否認，史書文體特色的研究是一個值得關注，且具重要意義的課題。基於此，本文將分析的重點放在《五代史記》與《新唐書》其有關篇章的敘述文體上，試圖以此歸納出被蘇軾在〈六一居士集敘〉中譽爲「記事似司馬遷」的歐陽脩史書寫作特徵。

第一節　以虛詞爲研究重心的原因

　　對於《五代史記》，內藤湖南曾經指出：「因爲是私撰，所以可以按照自己的想法來撰寫，巧妙的將春秋筆法融入史記的敘事體之中，創造出一種新的古文體筆法。」而對於《新唐書》則談到：「《新唐書》與《舊唐書》最大的不同就是使用了古文體筆法。」對《五代史記》與《新唐書》的古文文體

都給與了極高的評價〔註2〕。

　　眾所周知，駢文多用四字句、六字句以及對句，以此爲出發點的話即可分析出其文體的特點。但古文又該如何來分析呢？劉德清《歐陽修論稿》中指出：「文章神氣，駢文在音律，散文在虛字，是有一定道理的」〔註3〕，認爲駢文的特色在於音律，散文（古文）的特色在於虛詞（虛字）。此外，前野直彬編《中國文學史》也提及〔註4〕：

　　　　具體可以指出的是其助字頻繁使用。句頭的夫、惟、然，句中的而、之，句末的也、矣等文字總稱爲助字。借助這些助字的頻繁運用，句與句之間的承接關係變得更明瞭，雖然文章本身變長了，但一點也不妨礙讀者自然而然地體會到文章的論理。歐陽脩的文章裏，這樣的助字非常多。當然有些地方助字也可以省略，但這樣的話讀者不得不自己在閱讀的過程中在自己的腦海中將其補上。因此，助字少的文章反而會影響到讀者對文章論理的領悟。

該文章對歐陽脩古文中大量出現的虛詞（助字）對讀者產生的效果進行了分析，指出在總結古文特色時，將視點放在考察文中虛詞使用的方式，應是一個較可行的方法。其實早有清人劉大櫆在其《論文偶記》中提出「文必虛字備而後神態出」的觀點，指出虛字（虛詞）〔註5〕的靈活使用，可以讓文章更具有表現力，特別強調虛詞的重要性。同樣，清人劉淇在《助字辨略》的自序開頭也提到：「構文之道，不過實字虛字兩端，實字其體骨，而虛字其性情也」，認爲實字是文章的骨格，虛字（虛詞）的添加則表現出作者的情感衝動。確實，例如放在文末表示斷定語氣的「也」、「矣」等虛詞，即使省略也不會影響到文意。這些虛詞的使用因人而異。正因如此，由這些虛詞的使用而體現出來的文體特色，恰恰能反映出作者獨特的寫作個性。

　　從下列文獻中可以知道歐陽脩極爲重視虛詞的使用，范公偁《過庭錄》即寫道：

〔註2〕見內藤湖南《支那史學史》收入《內藤湖南全集》第十一卷（東京：筑摩書房，一九六九年）。其在〈宋代に於ける史學の發展〉中的有關記述。

〔註3〕劉德清《歐陽修論稿》（北京：北京師範大學出版社，一九九一年），頁二七三。

〔註4〕前野直彬編《中國文學史》（東京：東京大學出版會，一九七五年），頁一四七。

〔註5〕對虛詞、虛字、助字這些詞語的定義，因人與時代各有些不同。本稿則取其廣義（「虛詞≒虛字≒助字」）上的相同。除了引用原文，一般情況下均用「虛詞」這個名詞將其統一。

> 韓魏公在相。曾爲畫錦堂記于歐公。云仕宦至將相，富貴歸故鄉。韓
> 公得之愛賞。後數日，歐復遣介別以本至。云前有未是。可換此本。
> 韓再三玩之，無異前者。但仕宦富貴下，各添一而字。文義尤暢。

歐陽脩對先爲韓琦而作的〈畫錦堂記〉不甚滿意，隨後自己重新撰寫以替換原文。後一篇文章雖只添加了兩個與文意無關的「而」字，但在韓琦眼中卻是「文義尤暢」。因此可知虛詞的準確使用，能夠起到畫龍點睛的作用，決不可忽視。這兩個小小的「而」字，是歐陽脩爲了尋找到貼切反映出自己情感的文字表現而反復思考的結晶。另外在作於嘉祐五年的〈與王郎中〉一文中，也可以看到歐陽脩是如何認真對待完書送交書局寫印之後的《新唐書》：

> 蓋以《唐書》甫了，初謂遂得休息。而卻送本局寫印本，一字之誤，
> 遂傳四方。以此須自校對。其勞苦牽迫，甚於書未成時，由是未遑
> 及他事。

《新唐書》完書於嘉祐四年末，到嘉祐五年七月進呈皇帝之前，爲了校勘《新唐書》原稿，歐陽脩傾盡自己的時間與心血，以使文稿免有「一字之誤，遂傳四方」之虞。可知歐陽脩在撰寫校對《新唐書》的過程中，對於包括虛詞在內的一字一句，始終保持著絕不掉以輕心的態度。

如上所述，虛詞雖然不能左右文章敘事的內容，但對文章的表現則具有極其重要的意義，所以歐陽脩在自己作文時亦會反復斟酌。由此可知在分析歐陽脩古文文體時，無疑地，虛詞確實是能夠反映其文體特色的重要一環。因此，本稿擬在下文中聚焦於虛詞使用的分析，以此來探討歐陽脩史書文體之特色。

第二節　《五代史記》與《舊五代史》

清人趙翼《廿二史箚記校證》卷二十一提到：「不閱《舊唐書》，不知《新唐書》之綜核也。不閱薛史，不知歐史之簡嚴也。」指出：如果要更好的理解《新唐書》與《五代史記》，就必須對《舊唐書》與《舊五代史》的有關資料也作一個把握。誠如其所言，本章首先會將《五代史記》與《舊五代史》的文體特色做一個比較，下章再將新舊《唐書》作一個綜合比較，以求找出歐陽脩的文體特徵與寫作風格。

　　《舊五代史》一百五十三卷，由宰相薛居世、盧多遜、張澹、李昉等人於開寶六年（九七三）開始編纂，翌年完書，相距歐陽脩撰成《五代史記》大概有八十多年。由於金泰和七年（一二○七）制定的新定學令《舊五代史》被廢棄，此後世人唯傳《五代史記》，無人復提《舊五代史》。原本《舊五代史》早已散佚，現行本乃據《永樂大典》及其它宋代資料輯錄復元而成。這就存在著一個輯錄本多大程度反映了《舊五代史》原貌的問題。不過，本章的重心主要放在分析《五代史記》的文體特色，《舊五代史》只是一個參照對象，因此即使現行本《舊五代史》不能完全代表原本，也對分析《五代史記》的特色不會產生太大的影響。

　　在此，首先對《五代史記》列傳與《舊五代史》列傳文章中的虛詞使用傾向作一個考察。如下所列，本稿是以從《五代史記》列傳與《舊五代史》列傳中，各王朝（後梁、後唐、後晉、後漢、後周）各選五人，共計二十五人的傳記來作為考察對象的。

　　後梁

　　　敬　翔（《五代史記》卷二十一，《舊五代史》卷十八）

　　　寵師古（《五代史記》卷二十一，《舊五代史》卷二十一）

　　　寇彥卿（《五代史記》卷二十一，《舊五代史》卷二十）

　　　王重師（《五代史記》卷二十二，《舊五代史》卷十九）

　　　王　檀（《五代史記》卷二十三，《舊五代史》卷二十二）

　　後唐

　　　郭崇韜（《五代史記》卷二十四，《舊五代史》卷五十七）

　　　周德威（《五代史記》卷二十五，《舊五代史》卷五十六）

　　　元行欽（《五代史記》卷二十五，《舊五代史》卷七九）

　　　劉　讚（《五代史記》卷二十八，《舊五代史》卷六十八）

　　後晉

　　　景延廣（《五代史記》卷二十九，《舊五代史》卷八十八）

　　　吳　巒（《五代史記》卷二十九，《舊五代史》卷九十五）

　　　趙　瑩（《五代史記》卷五十六，《舊五代史》卷八十九）

　　　馬全節（《五代史記》卷四十七，《舊五代史》卷九十）

　　　王建立（《五代史記》卷四十六，《舊五代史》卷九十一）

後漢

　蘇逢吉（《五代史記》卷三十，《舊五代史》卷一百八）

　史弘肇（《五代史記》卷三十，《舊五代史》卷一百七）

　楊　邠（《五代史記》卷三十，《舊五代史》卷一百七）

　王　章（《五代史記》卷三十，《舊五代史》卷一百七）

　郭允明（《五代史記》卷三十，《舊五代史》卷一百七）

後周

　王　朴（《五代史記》卷三十一，《舊五代史》卷一百二十八）

　鄭仁誨（《五代史記》卷三十一，《舊五代史》卷一百二十三）

　翟光鄴（《五代史記》卷四十九，《舊五代史》卷一百二十九）

　馮　暉（《五代史記》卷四十九，《舊五代史》卷一百二十五）

　王　殷（《五代史記》卷五十，《舊五代史》卷一百二十四）

在以上二十五人的傳記中，下列十五個虛詞的使用頻度歸納於表1〔註6〕。

　○ 而……表示順接、逆接、追加的連詞。

　○ 也……表示認定，疑問、反語、感嘆的語氣詞。

　○ 因……用於上下句順接的副詞。

　○ 乃……承上接下的副詞。

　○ 則……用於上下句順接的副詞。

　○ 然……表示轉折的連詞。

　○ 矣……表示斷定的語氣詞。

　○ 蓋……表示限定的副詞。

　○ 爾……表示認定的語氣詞。

　○ 乎……表示疑問，反語、感嘆的語氣詞。

　○ 哉……表示詠嘆的語氣詞。

　○ 焉……表示認定的語氣詞。

　○ 耳……表示認定的語氣詞。

　○ 邪……表示疑問的語氣詞。

　○ 歟……表示疑問，反語、感嘆的語氣詞。

〔註6〕本稿所舉有關虛詞的語義與使用方法，主要沿用牛島德次《漢語文法論〈中古編〉》（東京：大修館書店，一九七一年）的定義。

（表1）

	《五代史記》列傳	《舊五代史》列傳
總字數	18385	24320
而	213	161
也	83	103
因	42	50
乃	87	60
則	23	47
然	31	38
矣	32	29
蓋	1	5
爾	10	10
乎	21	7
哉	2	3
焉	3	22
耳	6	5
邪	8	1
歟	0	1

　　接下來，再對以「嗚呼」爲發語詞的《五代史記》全部的論贊部分同樣作一個調查。上述十五個虛詞在《五代史記》列傳與《舊五代史》列傳的使用頻度見表2（由於兩書總字數不同，本文所示數據是以一萬字爲一個調查基數換算而成）。

（表2）

	《五代史記》列傳	《舊五代史》列傳	《五代史記》論讚
總字數	10000	10000	10000
而	115.9	66.2	2915
也	45.1	42.4	172.1
因	22.8	20.6	15
乃	47.3	24.7	8.9
則	12.5	19.3	64.2

然	16.9	15.6	72.4
矣	17.4	11.9	70.3
蓋	0.5	2.1	26.6
爾	5.4	4.1	9.6
乎	11.4	2.9	23.9
哉	1.1	1.2	66.9
焉	1.6	9	23.2
耳	3.3	2.1	6.8
邪	4.4	0.4	13
歟	0	0.4	19.1

　　另外，這十五個虛詞在總字數中的使用比率爲《五代史記》列傳 3.05%、《舊五代史》列傳 2.22%、《五代史記》論贊 8.83%。如果要找出《五代史記》列傳、《舊五代史》列傳、《五代史記》論贊三者之間的相關性，還必須先計算出 Pearson 相關係數。相關係數是用來顯示兩個數據之間相關程度的值。取-1 到 1 之間的實數值，越靠近 1 則表示越具正相關性，反之，越接近-1 則越具負相關性。接近 0，則表示原來的數據之間相關性甚低，缺乏類似之處。

　　《五代史記》列傳與《五代史記》論贊的 Pearson 相關係數爲 0.8536，《五代史記》列傳與《舊五代史》列傳的 Pearson 相關係數爲 0.9509。按理來說，如果文章出自同一作者，顯示其文章相關性的相關係數應該會接近 1 才對。但皆出自於歐陽脩之手的《五代史記》列傳與《五代史記》論贊，兩者間的 Pearson 相關係數爲較低的 0.8536，作者不同的《五代史記》列傳與《舊五代史》列傳的相關係數則爲 0.9509，反而接近 1。這到底意味著什麼呢？

　　首先來看看列傳。譬如，表示詠嘆的「哉」，《五代史記》列傳爲 1.1 字（以一萬字爲基數的出現數，下同），《舊五代史》列傳爲 1.2 字，使用頻率都極少。可是這對於《五代史記》與《舊五代史》這樣的史書來說卻是一種理所當然的現象。以客觀地敘述史實爲準則的史書，其在文字表現上，當然也應該極力避免作者的主觀意圖介入，因此表示詠嘆的「哉」也就極少被使用。

　　接下來看看表示認定的「也」、「焉」、「爾」和「耳」。「也」是表示認定的語氣詞中使用最爲普遍的虛詞。《五代史記》列傳中包括表示疑問、反語或感嘆等意義的「也」有 45.1 字，《舊五代史》列傳中有 42.4 字；表示對於某

一事物或地點的指示認定語氣的「焉」，《五代史記》列傳有 1.6 字，《舊五代史》列傳有 9.0 字；表示不過只是如此之意的「爾」，《五代史記》列傳有 5.4 字、《舊五代史》列傳有 4.1 字；與「爾」同意的「耳」，《五代史記》列傳有 3.3 字、《舊五代史》列傳有 2.1 字。在這些表示認定語義的虛詞中，只有「焉」的使用上，《五代史記》列傳較《舊五代史》列傳稍多，但一萬字也只有 7.4 字之差，還算不上顯著。歸根結底，這是因爲這些虛詞主要強調一種確認或判斷的語氣，較明顯地摻入了作者的主觀因素。再來看表示斷定語氣的「矣」，《五代史記》列傳有 17.4 字，《舊五代史》列傳有 11.9 字，兩書的使用頻度也沒有什麼大的差別。這也同樣是因爲表示作者的推斷與決定等主觀判斷語氣的「矣」，與上述表示「認定」的虛詞一樣，在主要以敘述史實爲主的史書文章中，能被使用的場合極爲有限，並且作者也會在某種程度上，有意識地避免使用這些虛詞。

　　再來看看「因」與「則」。「因」在《五代史記》列傳有 22.8 字，《舊五代史》列傳有 20.6 字；「則」在《五代史記》列傳有 12.5 字，《舊五代史》列傳有 19.3 字，也沒有明顯差異。「因」與「則」均爲表示上下文順接的虛詞。這兩個虛詞的使用，能使上下文之間的承接更爲明瞭，可以起到一個提醒讀者注意行文論理邏輯的效果。另一方面，雖然也是同樣的連接虛詞，「然」的使用則對讀者的閱讀模式會產生更大的影響。高橋明郎在其〈歐陽脩の散文文體の特色—韓愈の散文との差の成因—〉一文中指出〔註7〕，在記・序類的文章中，「韓文中〈明示型〉的『以』和『於是』較多，歐陽文中〈非明示型〉的『然』較多」，認爲歐陽脩文章中〈非明示型〉的「然」的大量使用，隱含著一種「要求讀者在進行論旨反饋（feedback）認同的同時理清論理脈絡」的意圖。所謂〈明示型〉與〈非明示型〉，是指虛詞（特別是連詞）的連接形式，對此高橋氏解釋道：「例如『而』在表示順接、逆接或並列時均可使用，單依靠連詞並不能判斷出其承接關係。相反的，『則』就只能用於順接。據此姑且將前者稱爲〈（連接關係）非明示型〉，將後者稱爲〈明示型〉。」按照高橋氏的定義，從表 2 可以看出，表示轉折意義的〈非明示型〉的「然」的使用頻度，在《五代史記》列傳爲 16.9 字，《舊五代史》列傳爲 15.6 字。眾所周知，

〔註 7〕高橋明郎著，原名爲〈歐陽脩の散文文體の特色—韓愈の散文との差の成因—〉收入《日本中國學會報》第三十八號（東京：日本中國學會，一九八六年）。

一部過度要求讀者進行論旨反饋認同〔註 8〕的史書顯非良史。史書的敘事目的，不是在試圖尋求讀者對作者論理脈絡的認同，而是要準確地向讀者傳達所記載歷史事件的眞相。因此「然」的使用，《五代史記》列傳與《舊五代史》列傳都不高，1 萬字只有 1 字之微差。而且，《五代史記》中以一萬字爲基數的「然」的使用總數也不過只有 17 字。雖然在歐陽脩與韓愈的記序文體的比較中，確如高橋氏所指出的一樣，「然」的頻繁使用是歐陽脩文的一大特色。可是在《五代史記》的文章中這種特色完全沒有被體現出來。究其原因，可以將之解釋爲：歐陽脩考慮到史書文體的需要，有意識地壓低了「然」的使用頻度。

另一方面，虛詞在論贊中又是如何被使用的呢？首先以《五代史記》卷三十四的〈一行傳〉論贊中的虛詞使用情況，並以此來參考其他的論贊：

> 嗚呼、五代之亂極<u>矣</u>。傳所謂天地閉、賢人隱之時<u>歟</u>。當此之時、臣弒其君、子弒其父、而搢紳之士安其祿而立其廟、充然無復廉恥之色者皆是<u>也</u>。吾以謂自古忠臣義士多出於亂世。而怪當時可道者何少<u>也</u>。豈果無其人<u>哉</u>。

這裏被用來表示詠嘆的「哉」字，根據表 2 可知《五代史記》列傳部分的出現頻度只有 1.1 字，而《五代史記》論贊中卻有 66.9 字，遠遠超過了列傳部分，由此可知論贊部分直接表現出了歐陽脩的情感。另外，表現作者感情色彩的虛詞中，具有向讀者提出質疑，同時對作者本身提出反問語氣功能的「歟」字，在前面提到的《五代史記》二十五人的傳中一次都沒有被使用過，但在包括〈一行傳〉論贊的全部論贊中的使用頻度竟高達二十八次。此外，在〈一行傳〉論贊中也可以見到的表示斷定語氣的「矣」字，對照表 2 可知其使用頻度是列傳部分的四倍以上。其他，如表示認定（包括疑問・反語以及感嘆）語氣的「也」字，以及同樣表示認定語氣的「焉」「爾」「耳」的四個虛詞，列傳中總計被使用了 55.5 字，但論贊卻是其四倍的 211.6 字。由此可知，這些表示包含了作者諸如認定、斷定、疑問或反語之類情感的虛詞，在論贊部分皆高頻度地被使用。

於此再對歐陽脩一般文章中的虛詞使用狀況做一個調查。先對相對來說表現上的制約較少的記・序等文體做一個調查。歐陽脩的記，全三十八篇（總

〔註 8〕所謂「讀者進行論旨反饋認同」，〔註 7〕高橋論文中認爲：「『讀者進行論旨反饋認同』並不只局限於這一瞬間的閱讀行爲之中，也包括在閱讀過程中在記憶裏對此前文章的回憶與確認。」

字數是一萬七千兩百六十二字）中，上述十五個虛詞佔總字數的使用比率爲
6.70%；歐陽脩的序，全四十九篇（總字數是兩萬一千四百二十一字），上述
十五個虛詞佔總字數中的使用比率爲 7.50%。由此還可以推算出歐陽脩的記
與序之間 Pearson 相關係數爲 0.9935，與 1 極爲接近，表現出非常強的正相
關性（類似性）。可以說這是因爲歐陽脩在表現制約較少的記・序裏能比較
自由地使用各類虛詞，所以會出現這種類似性較強的現象。換而言之，記、
序裏所反映出來的虛詞的使用傾向，體現了歐陽脩平常文章的自然風格。這
裏可將《五代史記》論贊與《五代史記》列傳，以及記、序中的虛詞使用比
率歸納爲下圖。

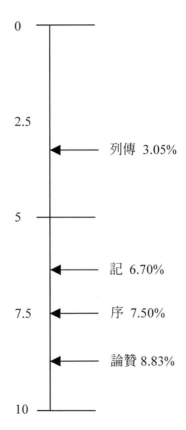

　　總上述可知，在歐陽脩平常的文章中，上舉十五個虛詞的使用比率大概
與記―序同爲 6.5～7.5% 左右，而列傳部分則大幅度減小（3.05%），論贊的又
要遠高於記、序（8.83%）。

　　正如歐陽脩於《事迹》一文中所指出的一樣，《五代史記》的論贊「發論必

以嗚呼」，其之所以多用擬聲語（感嘆詞）「嗚呼」為發語詞，是因為歐陽脩試圖藉此來直接表現出自己的情感。從本文對論贊所用虛詞的調查結果來看，表示詠嘆的「哉」、疑念的「歟」，認定的「焉」、「爾」、「耳」，認定與疑問及反語的「也」，斷定的「矣」，疑問與反語及感嘆的「乎」等都要比列傳部分的使用頻率高得多。由此可知歐陽脩並不只是單純使用擬聲語「嗚呼」，該語助詞亦為表達其主觀情感的另一重要手段，此點在通過論贊中的虛詞使用傾向的分析後，已得到證明。另一方面，與論贊相比，《五代史記》列傳部分反映作者感情虛詞的使用頻率相對要少得多，這與歐陽脩考慮到客觀傳達事實的史書文體性質，有意避免使用含有自己感情的語言之自我規制有關。在寫作列傳時，要不斷避免虛詞的使用，以免摻入自己的主觀意圖。而一旦到了能夠自由表達自己情感的論贊部分，終於可以從這種文字桎梏中解放出來，使鬱積在心中的感想得以自由抒發。因此在《五代史記》論贊中，其虛詞的使用量，而且特別是明顯帶有感情色彩的虛詞，比起其通常的文章還要多得多。

第三節　《新唐書》與《舊唐書》

　　接下來通過與《舊唐書》的比較，再來看看《新唐書》的文體特色。《舊唐書》二百卷，由本紀二十卷、志三十卷、列傳百五十卷所構成，始撰於五代後晉天福六年（九四一），成書於四年後的開運二年（九四五）。編纂開始時由宰相趙瑩負責，之後由宰相桑維翰接手，最後是由宰相劉昫完書奏上，因此習慣上稱之為劉昫撰。實際上承擔主要的編寫工作的是張昭遠、賈緯等人。而《新唐書》中歐陽脩所參與的部份主要集中在本紀、志與表的編寫。在這裡要說明的是，本文無意否認志和表的史料價值，但由於其體例的原因本身就很難有什麼文體特色。因此本章主要將分析的重點放在《新唐書》的本紀部分，再將之與《舊唐書》本紀相關部分進行比較，特別是其文中有關虛詞的使用，以求歸納出其文體特色。

　　除了論贊以外的《新唐書》本紀與《舊唐書》本紀的文章中，前述十五個虛詞的使用個數如表3所示〔註9〕。

〔註9〕《舊唐書》卷一～卷二十均為本紀，但本章只局限於對其前十卷的考察。其原因之一是考慮到分量的問題（《新唐書》本紀為十卷），另外，還考慮到《舊唐書》本紀的後半部分還存在著機械地引用大量文獻而導文章結構缺乏斟酌這一缺點。

（表3）

	《新唐書》本紀	《舊唐書》本紀
總字數	85790	89531
而	56	178
也	34	78
因	12	48
乃	41	68
則	20	51
然	13	35
矣	6	25
蓋	4	14
爾	3	4
乎	0	12
哉	0	4
焉	6	32
耳	2	9
邪	5	6
歟	0	1

　　在《新唐書》本紀中十五個虛詞所佔的使用比率為 0.23%，這個數值非常低。由前章分析可知即使是在歐陽脩的記與序之類的平常的文章中，這十五個虛詞的使用比率也在 6.5～7.5%左右。其實並不只是《新唐書》本紀，《舊唐書》本紀中的上述虛詞的使用比率也低至 0.63%，而《五代史記》本紀也是低至 0.96%。換句話說，《新唐書》本紀、《舊唐書》本紀及《五代史記》本紀這三部分文章中的上述十五個虛詞使用比率都沒有達到 1%，由此可知不僅僅是《新唐書》本紀中有關虛詞的使用率很低，歐陽脩所獨自編纂的《五代史記》如此，作者不同的《舊唐書》亦如此。據此即可推測出：《新唐書》本紀中的虛詞使用頻率低，是與史書中本紀的文體性質有關。因為照道理來說，記錄君主傳記的本紀，與記錄臣子傳記的列傳相比，要求具有更強的敘事性。換而言之，記錄國家大事的本紀，一方面是記錄天下支配者的事蹟，同時又是年代大事記，比起單純為臣子傳記的列傳更注重對事件的敘錄。因之，為

了能更客觀的傳達事實（排除作者感情的介入），帶有作者語氣及感情色彩的虛詞，在本紀中的使用理所當然會被壓低到最小限度。關於史書本紀的這種文體特色，以後再作專稿予以討論。

於此再來看看論贊部分中的虛詞使用情況。《新唐書》本紀的論贊與《舊唐書》本紀的論贊部分中，上述十五個虛詞的使用頻率如表4所示〔註10〕

（表4）

	《新唐書》論贊	《舊唐書》論贊
總字數	2122	2576
而	57	32
也	28	23
因	4	2
乃	3	2
則	8	15
然	18	9
矣	13	3
蓋	4	1
爾	1	0
乎	1	1
哉	9	9
焉	4	1
耳	0	1
邪	1	0
歟	6	0

在《新唐書》本紀論贊中這十五個虛詞占總字數的比率爲 7.40%，《舊唐書》本紀論贊則爲 3.84%，可以知道《新唐書》論贊所使用的比率是《舊唐書》論贊的近二倍。舉個例子，《新唐書》卷一〈高祖本紀〉的開頭云：

> 贊曰：自古受命之君，非有德不王。自夏后氏以來，始傳以世，而有賢有不肖，故其爲世，數亦或短或長。論者乃謂周自后稷至於文、武，積功累仁，其來也遠，故其爲世尤長。然考於世本，夏、商、

〔註10〕論讚部分也只局限於對其前十卷的考察。理由與〔註9〕同。

> 周皆出於黃帝，夏自鯀以前，商自契至於成湯，其間寂寥無聞，與
> 周之興異矣。

這是一段有關天子乃是受天命者的論述，上述十五個虛詞中的「而」、「乃」、「然」及「矣」被巧妙地穿插於文中。而《舊唐書》卷一〈高祖本紀〉的論贊則爲：

> 史臣曰：有隋季年，皇圖板蕩，荒主燀燎原之焰，羣盜發逐鹿之機，
> 殄暴無厭，橫流靡救。高祖審獨夫之運去，知新主之勃興，密運雄
> 圖，未伸龍躍。而屈己求可汗之援，卑辭答李密之書，決神機而速
> 若疾雷，驅豪傑而從如偃草。

可見在上述文字中大量地使用了諸如「荒主燀燎原之焰，羣盜發逐鹿之機」、「殄暴無厭，橫流靡救」、「審獨夫之運去，知新主之勃興」、「屈己求可汗之援，卑辭答李密之書」和「決神機而速若疾雷，驅豪傑而從如偃草」之類的對句，其所使用的文體爲駢文。南宋陳振孫《直齋書錄解題》卷四〈新唐書〉一條中有論及《舊唐書》之處，云：「今案舊史成於五代文氣卑陋之時，紀次無法，詳略失中，論贊多用儷語，固不足傳世。」在談及《舊唐書》的體例與記事的選擇上的問題點時，認爲論贊部分使用的對句過多，由此判斷其書沒有傳世的價值。其實史書中的論贊部分，本不同於要求盡可能客觀地敘述事實之文體制約的本文，而在某種程度上允許作者主觀感情的直接流露，因此比較接近作者平常的文章，或者說比較接近作者所擅長的筆法。《舊唐書》編纂於五代後晉，劉昫等人之所以用駢文來撰寫論贊，正如陳振孫所言是因爲當時駢文佔據了主流地位，意即：駢文是劉昫等編撰者最擅長的文體。也就是說，《舊唐書》本紀的論贊部分之所以採用駢文，《新唐書》本紀的論贊部分之所以採用古文，其原因不外乎是其作者中意的文體不同而已。駢文由於受到了四字句、六字句以及對句等形式上的制約，文中無法插入虛詞，所以二書的論贊部分中所顯示出來的虛詞的使用傾向，彼此存在著非常大的區別。

另外，《新唐書》的論贊部分與前章所論及的《五代史記》論贊部分，這兩者的虛詞使用 Pearson 的相關係數爲 0.9849，離 1 非常接近。從這個結果可以看出兩者之間的虛詞使用傾向具有極強的正相關性。順便提一下，《新唐書》論贊與《舊五代史》論贊之間其 Pearson 的相關係數爲 0.8017，《新唐書》論贊與《舊唐書》論贊其 Pearson 的相關係數爲 0.9187。由此則更可以反襯出《新唐書》與《五代史記》論贊部分虛詞使用傾向的相關性。正如西上勝所談到

的《五代史記》論贊是一種「借助嗚呼這個發語詞，敘述者直接介入道德評價的論贊」〔註11〕一樣，《五代史記》論贊由於因爲是以「嗚呼」這個擬聲詞爲發語詞，所以經常被論及到其文中帶有作者感情；而《新唐書》論贊不是以「嗚呼」，而是以「贊曰」這一看起來相對冷靜的詞語爲發語詞，因此有關其文中是否寄寓有作者情感這一問題，基本上沒有被討論過。誠如《新唐書》卷二〈太宗本紀〉論贊之「然三代千有七百余年，傳七十余君，其卓然著見於後世者，此六七君而已。嗚呼！可謂難得也。」一樣，其實《新唐書》本紀總共所附的十處論贊中，有五處在文中使用了「嗚呼」這個擬聲詞。由此可知，從虛詞使用的文體特色，可察覺《新唐書》論贊直接明快地表現了作者歐陽脩的情感。再從 Pearson 的相關係數來看，又能看出其對文體的構建與《五代史記》論贊亦有極爲相似的共同傾向。

第四節　結　語

　　《五代史記》是歐陽脩花費了十七年光陰所作成，但總的來說是一部私人（非官方）性質的作品。其對《新唐書》編寫工作的參與，則是始自至和元年（一〇五四）相當於其四十八歲時，直到七年後嘉祐五年（一〇六〇）《新唐書》完書敬獻朝廷。本來無論是史書的性質還是著書時間都不盡相同，但是通過本文的分析，始知《新唐書》本紀的文章中對虛詞的使用頻率與論贊中對虛詞的使用傾向都極爲相似。

　　宋人趙與時的《賓退錄》卷五里有這樣一段文字：

> 二書（注：《新唐書》、《五代史記》）出一手，而書法不同如此，未詳其旨。宜黃李子經郭作緯文瑣語亦云：唐、五代史書，皆公手所修，然義例絕有不同者。一人之作，不應相去如此之遠，議者謂唐書蓋不盡出公意。

此文先指出《新唐書》與《五代史記》，無論是在筆法上還是在體例上都存有很大的不同。接著指出造成這種差異的原因，主要來自於《新唐書》是歐陽脩受朝廷之命所編纂的官方史書，《五代史記》則是歐陽脩私撰而成；同時《新唐書》在編寫過程中有多名編修官參與，因此歐陽脩在文體表述時，必然受

〔註11〕西上勝〈五代史記の序論について〉收入《山形大學紀要（人文科學）》第十三卷第二號（山形：山形大學附屬圖書館，一九九五年）。

到了各種制約。誠如其所言，《新唐書》由於是官方史書，是故在其敘述與體例上不可避免地會受到此因素的影響。可是透過虛詞使用所表現出來的文體特色，又能看出許多與私撰的《五代史記》相同的特徵，這一點不容忽視。

由於虛詞的使用與否不會直接影響到文意，所以這些虛詞的使用往往因人而異。正因爲如此，由這些虛詞的使用而體現出來的文體特色，恰恰反映出來的是作者獨特的寫作個性。從本文對虛詞使用的分析結果來看，《五代史記》與《新唐書》之本紀這兩種歐陽脩所撰寫的史書，兩者都具用共同的文體特徵。儘管兩者在性質上具有官方與私人的本質區別，但我們可以看出，歐陽脩在對史書的撰寫時，還是堅持了自己的風格。另外，歐陽脩在四十七歲時完成了《五代史記》的編撰之後，就立即參加了《新唐書》的編寫，從這個成書先後順序來看，極有可能是歐陽脩將《五代史記》所用的文體直接帶入了《新唐書》的本紀的編寫中。

清人錢謙益說：「僕初學爲古文、好歐陽公《五代史記》。」（〈答山陰徐伯調書〉）談到自己初學古文時，正以歐陽脩的《五代史記》爲範本，由此可見他對該文章給予高度的評價。《五代史記》與《新唐書》本紀這兩種歐陽脩的史書都是由其所擅長的古文體撰寫而成，因此對這些史書文體的分析，毫無疑問，是探尋歐陽脩古文文體特色的一個極爲重要的手段。

第二章　歐陽脩《六一詩話》文體的特色

緒　言

　　一般而言，詩話確立於宋代，而《歐陽文忠公集》卷一百二十八所收錄的《詩話》，是宋代詩話中首先以詩話命名的作品。司馬光即有繼承歐陽脩《詩話》的用意，而將自己的《詩話》稱之爲《續詩話》，由此可知歐陽脩的《詩話》對後代的影響甚大。（爲了區別其後編纂的詩話，多將歐陽脩的《詩話》稱之爲《六一詩話》，因此本文亦稱之爲《六一詩話》）。

　　關於《六一詩話》，洪本健〈略論歐陽修散文的陰柔之美〉說〔註1〕：

> 這樣、歐陽修的散文更便於實用、創作路子越走越寬。他的《六一詩話》無拘無束地品評詩歌、自由自在地談論藝術、開創了文藝批評的一種新樣式。

以爲歐陽脩《六一詩話》用之於散文，其文體不但實用，而且其縱橫自在的評論，開創了詩話的新形式。又，楊慶存〈宋代散文體裁樣式的開拓與創新〉說〔註2〕：

> 詩話產生於宋代古文運動極盛之時、是古文運動影響下的產物。

則著眼於宋代古文復興與詩話的關連性。歐陽脩致力於古文復興，《六一詩話》自然有使用古文的文體。換言之，分析歐陽脩《六一詩話》所使用的文體，

〔註 1〕洪本健〈略論歐陽修散文的陰柔之美〉，收入《華東師範大學學報》（哲學社會科學版）第四期（上海：華東師範大學學報編輯部，一九八五年）。

〔註 2〕楊慶存〈宋代散文體裁樣式的開拓與創新〉，收入《中國社會科學》一九九五年第六期（北京：中國社會科學院，一九九五年）。

即可窺知歐陽脩古文的特色。本文即以歐陽脩《六一詩話》的文體作爲考察的對象，藉以辨明其古文的特色。

第一節 《六一詩話》與《歸田錄》

《六一詩話》的撰述時期，由於序文記載著「居士退居汝陰而集以資閒談也」，可知爲歐陽脩歸隱汝陰後，以「資閒談」爲目的而作成的。歐陽脩歸隱於熙寧四年（一○七一）七月，翌年熙寧五年（一○七二）七月，六十六歲時去世，因此《六一詩話》於六十五歲開始撰述，可以說是歐陽脩最晚年之作。

考察《六一詩話》的成立，不可忽視的是《歸田錄》一書。歐陽脩撰述《歸田錄》的期間，是在英宗皇帝治平年間（一○六三～一○六七）的五十七歲到六十一歲之間，接著，更在致仕後的熙寧四年進行改訂。在改訂《歸田錄》的同時，歐陽脩也編纂了《六一詩話》〔註3〕。又《歸田錄》序文指出：「《歸田錄》者，朝廷之遺事，史官之所不記，與夫士大夫笑談之餘而可錄者，錄之以備閒居之覽也」，與《六一詩話》的「資閒談」的閑情逸志相通。而且《歸田錄》記載著有關詩歌的論述和逸事，這些文字收錄於《六一詩話》也不足爲奇。對於二書的關連性，前人的看法是有所分岐的。

如李偉國在〈歸田錄佚文初探〉中提及〔註4〕：《六一詩話》原本是否爲《歸田錄》的一部分。其疑問之所在，是根據宋人經常把《六一詩話》的文章當作《歸田錄》的文章而引用，但是李偉國以爲，《六一詩話》被當作《歸田錄》而引用的人，是因爲不知道歐陽脩著有《六一詩話》，事實上《六一詩話》和《歸田錄》是不同的兩本書。

豐福健二在〈「六一詩話」の成立〉〔註5〕則著眼於《六一詩話》的編集和《歸田錄》的改訂是同一時期，並提出：「歐陽脩改訂之際，把原本《歸田錄》中，有相關聯的詩話獨立而出」的主張，進而推測《六一詩話》三分之二以上的內容是屬於《歸田錄》的。

〔註3〕參照拙文〈歐陽脩の『歸田錄』について〉，收入《九州中國學會報》第三十四卷（福岡：九州中國學會，一九九六年）。

〔註4〕李偉國〈歸田錄佚文初探〉，收入《澠水燕談錄 歸田錄》（北京：中華書局，一九八一年）。

〔註5〕豐福健二〈「六一詩話」の成立〉，收入《小尾博士古稀記念中國學論集》（東京：汲古書院，一九八三年）。

　　興膳宏〈宋代詩話における歐陽脩『六一詩話』の意義〉〔註6〕則說:「這兩本書雖然有以詩和詩人爲對象之相同的內容,但其有意識的分別爲二書,也是不能忽視的問題」。

　　以上三人的論述,在強調《六一詩話》和《歸田錄》有所關連的觀點上,雖然是一致的,但是對二書的內容性質的見解卻有不同,或以二書是不同的兩本書,或強調《六一詩話》是《歸田錄》的一部分,或主張二書是在有意識的區分下才成爲兩本書。

　　綜括以上的論述,大抵是以《六一詩話》和《歸田錄》內容的相似性,或編纂時期爲著眼點來進行考察的,本文擬從歷來未嘗注意的視點,即《六一詩話》和《歸田錄》的文體,特別是從歐陽脩文章中虛詞的用法去進行探究。因爲歐陽脩古文的特色在於虛詞的用法。如劉德清《歐陽修論稿》說〔註7〕:

　　　　文章神氣、駢文在音律、散文在虛字,是有一定道理的。歐陽修在
　　　　本文中連用二十一個「也」字,它有規律地散見全篇,反覆出現,
　　　　加強了文章的節奏感和抒情氣氛,也強化了文章詠嘆的韻味,讀起
　　　　來琅琅上口。

散文特色在虛詞,歐陽脩的古文即反覆連用虛詞,表現出文章高度的精純成熟。對於使用二十一個「也」字的〈醉翁亭記〉,吳孟復《唐宋古文八家概述》說〔註8〕:

　　　　歐文中,不僅《醉翁亭記》多用「也」字,《瀧岡阡表》中也連用了
　　　　許多「也」字。

其實不只是《醉翁亭記》,《瀧岡阡表》也大量使用了「也」字。由此可知,歐陽脩古文的特色在於虛詞的使用,因此,以虛詞的分析而究明其文體特色是可行的。

　　在此,爲比較《六一詩話》與《歸田錄》的虛詞使用情形,特列舉以下十個虛詞,進行分析〔註9〕。

〔註6〕興膳宏〈宋代詩話における歐陽脩『六一詩話』の意義〉,收入《日本中國學會創立五十年記念論文集》(東京:汲古書院,一九九八年)。

〔註7〕劉德清《歐陽修論稿》(北京:北京師範大學出版社,一九九一年),頁二七三～二七四。

〔註8〕吳孟復《唐宋古文八家概述》(合肥:安徽教育出版社,一九八五年),頁八三。

〔註9〕本文於虛詞的意義和用法,主要參照牛島德次《漢語文法論(中古編)》(東京:大修館書店,一九七一年)。

○ 乎……表示疑問、反問的語助詞。

○ 也……表示認定、疑問、反問、感嘆的語助詞。

○ 焉……表示認定的語助詞。

○ 矣……表示斷定的語助詞。

○ 耳……表示認定的語助詞。

○ 而……表示順接、逆接、追加的連接詞。

○ 然……表示轉折的連接詞。

○ 於……用於限定的介詞。也用於比較。

○ 蓋……表示限定的副詞。

○ 爾……表示認定的語助詞。

《六一詩話》共有四千零七十字，《歸田錄》則有一萬四千一百十字，由於總字數差異甚大，因而以一萬字中的虛詞出現數進行換算，如表1。

（表1）

作品名	六一詩話	歸田錄
字數	10000	10000
乎	12.3	7.1
也	125.3	107.7
焉	0	0.7
矣	39.3	17.7
耳	17.2	0
而	105.7	119.1
然	12.3	20.6
於	105.7	76.5
蓋	22.1	17
爾	4.9	12.8

表示認定、疑問、反問、感嘆的語助詞的「也」字，《六一詩話》有125.3字（1萬字的出現數。下同），《歸田錄》則有107.7字，表示疑問、反問的語助詞的「乎」字，《六一詩話》為12.3字，《歸田錄》則為7.1字，表示轉折的連接詞的「然」字，《六一詩話》是12.3字，《歸田錄》是20.6字，表示順

接、逆接、追加的連接詞的「而」字，《六一詩話》是 105.7 字，《歸田錄》是
119.1 字，這些虛詞的使用數並沒有太大的差異。但是「耳」字，《六一詩話》
是 17.2 字，《歸田錄》則爲 0 字；「爾」字，《六一詩話》是 4.9 字，《歸田錄》
則爲 12.8 字，彼此有相當大的不同。「耳」和「爾」都是含有認定意思的虛詞，
如果包含亦具認定意義的「焉」和「也」字一併計算，則這四個虛詞合計 1
萬字的出現數，則是《六一詩話》147.4 字，《歸田錄》121.1 字，其使用頻繁
度就未必有顯著的差異。

其次將《六一詩話》和《歸田錄》所使用的虛詞與《五代史記》列傳的
〔註10〕，作一比較。

（表2）

作品名	五代史記列傳	六一詩話	歸田錄
字數	10000	10000	10000
乎	10.9	12.3	7.1
也	45.1	125.3	107.7
焉	1.6	0	0.7
矣	17.4	39.3	17.7
耳	3.3	17.2	0
而	119.1	105.7	119.1
然	8.7	12.3	20.6
於	65.5	105.7	76.5
蓋	0.5	22.1	17
爾	1.1	4.9	12.8

在此之所以選取《五代史記》作爲比較的對象，是因爲《五代史記》
的文體異於詩話或隨筆，而且是歐陽脩在三十一歲至四十七歲之間所著的

〔註10〕《五代史記》列傳部分的虛詞用法的分析抽樣，是五個王朝各取五人，合
　　　　計二十五人的傳。二十五人爲敬翔，寵師古，寇彥卿，王重師，王檀（以
　　　　上，後梁）。郭崇韜，周德威，元行欽，符習，劉贊（以上，後唐）。景延
　　　　廣，吳巒，趙瑩，馬全節，王建立（以上，後晉）。蘇逢吉，史弘肇，楊邠，
　　　　王章，郭允明（以上，後漢）。王樸，鄭仁誨，翟光鄴，馮暉，王殷（以上，
　　　　後周）。

〔註11〕。可以說是歐陽脩少壯時期的著述，將之與其晚年所作的《六一詩話》與《歸田錄》相比較，自然能清楚的看出差異，而且彼此的特色也可以辨明。

「也」字在《五代史記》是 45.1 字（一萬字的出現數。下同），《六一詩話》是 125.3 字，《歸田錄》是 107.7 字，「然」字在《五代史記》是 8.7 字，《六一詩話》是 12.3 字，《歸田錄》是 20.6 字，「蓋」字在《五代史記》是 0.5 字，《六一詩話》是 22.1 字，《歸田錄》是 17 字，可見《六一詩話》和《歸田錄》在虛詞的使用頻率上，遠高於《五代史記》列傳部分。換言之，《五代史記》與《六一詩話》、《歸田錄》在虛詞的使用頻繁度上，有極大的差異。

接著，再列舉以下「而、也、於、因、乃、則、然、矣、蓋、爾、乎、哉、焉、耳、邪、歟」十六個虛詞，標出於《六一詩話》和《歸田錄》中使用頻率高低順序表。

（表3）

作品名	六一詩話	歸田錄
而	2	1
也	1	2
於	3	3
因	9	4
乃	5	5.5
則	7.5	5.5
然	10.5	7
矣	4	8
蓋	6	9
爾	12	10
乎	10.5	11
哉	14.5	12

〔註11〕關於《五代史記》寫作的時期，前人已有考察。本文主要參考佐中壯〈新五代史撰述の事情〉收入《史學雜誌》第五十編第一號（東京：公益財團法人審學會，一九三九年）、石田肇〈新五代史撰述の經緯〉收入《東洋文化》復刊第四十一、四十二合併號（東京：財團法人無窮會，一九七七年）、陳光崇〈尹洙與《新五代史》小議〉收入《遼寧大學學報》（哲學社會科學版）一九九一年第二期（瀋陽：遼寧大學學報，一九九一年）。

焉	14.5	13
耳	7.5	15
邪	14.5	15
歟	14.5	15

根據表 3 的數據，《六一詩話》和《歸田錄》的 Spearmans 順位相關係數
（Spearmans rank correlation coefficient）是 0.7921，而 Pearson 相關係數是
0.9534，二者的關係相當接近〔註 12〕。也就是說，《六一詩話》和《歸田錄》
於虛詞的使用極其類似，在文體上，有相同的特色。而且從《六一詩話》之
編撰與《歸田錄》之改作又屬同一時期來看的話〔註 13〕，《六一詩話》和《歸
田錄》此一連的作品，其母體相似的可能性甚高。

第二節　《六一詩話》與《續詩話》

本節擬比較《六一詩話》與司馬光《續詩話》的虛字的用法。司馬光（一
○一九～八六）比歐陽脩年輕十二歲，宋·劉炎《邇言》比較司馬光和歐陽脩
的文章說：

> 或問：歐陽、司馬之文孰優？曰：歐陽本之韓退之，學而至者也。
> 溫公遠齊先漢，自誠實而充也。

簡要的指出歐陽脩和司馬光文章的特色，司馬光以漢以前的文章為規範，與歐
陽脩皆善於古文。至於司馬光著作《續詩話》的旨趣，則於序文明白的指出：

> 詩話尚有遺者、歐陽公文章名聲、雖不可及、然記事一也、故敢續
> 書之。

由此可窺知司馬光推崇歐陽脩的《詩話》（《六一詩話》），乃續其作而編成《續

〔註 12〕《統計學辭典》（東京：東洋經濟新報社，一九八九年）關於 Spearman's 順位
相關係數的記載是：「由順位作成的 Pearson 相關係數，

$$\rho = \frac{12}{n(n^2-1)} \sum_{i=1}^{n} \left(R_i - \frac{n+1}{2}\right)\left(Q_i - \frac{n+1}{2}\right) = 1 - \frac{6}{n(n^2-1)} \sum_{i=1}^{n} (R_i - Q_i)^2$$

稱之為 Spearman's 順位相關係數（Spearman's rank correlation coefficient 或
Spearman's ρ）（C.Spearman〔1944a〕）。Spearman's 順位相關係數和 Pearson
相關係數皆相同，則為 1；完全相反，則為-1。故愈接近 1，就表示關係愈近。
此所用的 Spearman's 順位相關係數是 Spearman's 順位的修正版。又，有關統
計學的知識，皆受教於鹿兒島大學理學部近藤正男教授（統計學）。
〔註 13〕參照〔註 5〕豐福論文。

詩話》。也就是說,以《六一詩話》爲詩話的始祖,接續而作成《續詩話》,此二書在宋代多數詩話中,乃屬於早期作成的詩話。《續詩話》共有二十八條〔註14〕,此是模仿《六一詩話》二十八條體例而作成的。至於其內容,如興膳宏氏所說〔註15〕:

> 司馬光熟知《六一詩話》的內容,乃服膺歐陽脩的著述要旨而著作《續詩話》。

司馬光根據《六一詩話》作成的《續詩話》裡,也有不少根據同樣主題寫成的文章。以下,列舉十五個虛詞來計算《六一詩話》和《續詩話》使用的數量。

（表4）

作品名	六一詩話	續詩話
總字數	4070	3199
而	45	14
也	52	21
乃	10	7
則	7	3
因	6	1
然	5	3
矣	16	4
蓋	9	1
爾	2	1
乎	5	0
哉	0	1
焉	0	1
耳	7	3
邪	0	3
故	10	6

〔註14〕清何文煥《歷代詩話》（北京:中華書局,一九八一年）稱《續詩話》收錄三十一條記事,但是最後三條是《春明退朝錄》、《詩話總龜》記事的誤衍。詳參許山秀樹、松尾肇子、三野豐治、矢田博士譯注〈『溫公續詩話』譯注稿〉收入愛知大學語學教育研究室紀要《言語と文化》第九號（豐橋:愛知大學語學教育研究室,二〇〇三年）。

〔註15〕參照〔註6〕。

如表 4 所示,《六一詩話》於虛詞使用比《續詩話》多。又,《續詩話》
於「哉」、「焉」和「邪」的使用,雖然比《六一詩話》多,但不過是 1 字到 3
字的差別而已,並沒有太大的不同。由於《六一詩話》和《續詩話》的總字
數有所差異,以一萬字的出現數來換算,則如表 5。根據表 5 的數據,可以清
楚看出歐陽脩於虛詞使用上的特色。

（表5）

作品名	六一詩話	續詩話
字數	10000	10000
而	110.6	43.8
也	127.8	65.6
乃	24.6	21.9
則	17.2	9.4
因	14.7	3.1
然	12.3	9.4
矣	39.3	12.5
蓋	22.1	3.1
爾	4.9	3.1
乎	12.3	0
哉	0	3.1
焉	0	3.1
耳	17.2	9.4
邪	0	9.4
故	24.6	18.8

高橋明郎在〈歐陽脩の散文文體の特色—韓愈の散文との差の成因—〉
〔註 16〕一文中比較歐陽脩和韓愈的散文,指出歐陽脩散文特色在於大量使用
「非明示型」的虛詞。所謂「非明示型」,是指同一論體文中,「如『而』可
用於順接、逆接與並列,若只根據連詞,則不能確定接續的形式為何。至於
『則』只能用於順接。茲規定前者是『（接續形式）非明示型』,後者是『明

〔註 16〕高橋明郎〈歐陽脩の散文文體の特色—韓愈の散文との差の成因—〉收入《日
　　　本中國學會報》第三十八號（東京：日本中國學會,一九八六年）。

示型』」。韓愈的文章以「明示型」虛詞居多，歐陽脩的文章則是「非明示型」虛詞為多。大量使用「非明示型」虛詞的歐文，由於文章的接續關係比較難以把握，「讀者必須釐清論旨及理路脈絡」。高橋氏的考察是根據自由度比較高的序、記，而且作品的作成年代也沒有偏頗的傾向，因此其論證比較可信。

根據表 5，「明示型」的「乃」、「則」、「因」和「故」，《六一詩話》確實使用的比較多，但是除了「因」以外，《六一詩話》和《續詩話》並沒有顯著的差異。換言之，有明顯差別的是「非明示型」虛詞的使用。如順接、逆接與並列皆可用的「而」，《續詩話》是 43.8 字，《六一詩話》則是 110.6 字。至於讀者必須釐清論旨及理路脈絡之「非明示型」虛詞同一性質的「蓋」〔註 17〕，《續詩話》只有 3.1 字，《六一詩話》則是七倍以上的 22.1 字。其他，表示斷定語氣的「矣」，《續詩話》有 12.5 字，《六一詩話》是 39.3 字，表示認定、疑問、反問、感嘆的語助詞「也」，《續詩話》有 65.6 字，《六一詩話》是 127.8 字，此類虛詞，《六一詩話》明顯用的比《續詩話》多。

接下來再比較幾處話題類似的部分。司馬光《續詩話》引用歐陽脩《六一詩話》而記述的，如：

> 歐陽公云：《九僧詩》集已亡。元豐元年秋，余遊萬安山玉泉寺，於進士閔交如舍得之。

而歐陽脩《六一詩話》的記述，則是：

> 國朝浮圖，以詩名於世者九人。故時有集號《九僧詩》，今不復傳矣。

《六一詩話》使用「以」、「於」、「故」、「矣」等虛詞，司馬光《續詩話》只用「於」字，至於其所引用的歐陽脩的「《九僧詩》集已亡」，《六一詩話》則於文末有「矣」一虛詞。

司馬光雖紹承歐陽脩《詩話》而作《續詩話》，而且內容的分量同為二十八條，內容的旨趣大抵相同，但是若分析《六一詩話》和《續詩話》的文章，則可見虛詞的使用有明顯的差異。這就說明二人在文體上表現出不同的個性，此即二人文章風格不同之所在。

比較歐陽脩《六一詩話》和司馬光《續詩話》的文體，《六一詩話》多用虛詞，尤其頻繁地使用「非明示型」虛詞。此與序、記文體之多用「非明示型」虛詞的歐陽脩文章特色一致。因此《六一詩話》的文體亦表現出歐陽脩古文的特色。

〔註 17〕 參照〔註 16〕高橋論文。

第三節　《六一詩話》與《試筆》

　　《六一詩話》二十八條中，有五條的內容與《試筆》所收錄的相似。《試筆》收錄於《歐陽文忠公集》卷一百三十中，乃歐陽脩的即興偶得之作，蘇軾說〔註18〕：

> 此數十紙，皆文忠公衝口而得，信手而成，初不加意者也。其文采字畫，皆有自然絕人之姿，信天下之奇蹟也。元祐四年九月十九日蘇軾書。

《試筆》所收的作品大抵為歐陽脩隨口而出，信手而成，並為蘇家所保管。作成的年代並不明確。唯應是在去世前編纂的《六一詩話》之前作成。也就是說，《試筆》所收錄的作品是歐陽脩信口而成，屬於初稿階段。其中，有些或許經過推敲發展而收入《六一詩話》中。如《試筆》的《溫庭筠嚴維詩》：

> 余嘗愛唐人詩云：「鷄聲茅店月，人跡板橋霜。」則天寒歲暮，風淒木落，羈旅之愁，如身履之。至其曰：「野塘春水漫，花塢夕陽遲。」則風酣日煦，萬物駘蕩，天人之意相與融恰，讀之便覺欣然感發。謂此四句可以坐變寒暑。詩之為巧，猶畫工小筆爾，以此知文章與造化爭巧可也。

與此相應的《六一詩話》的記述為：

> 聖俞曰：作者得於心，覽者會以意，殆難指陳以言也。雖然，亦可略道其髣髴。若嚴維「柳塘春水漫，花塢夕陽遲。」則天容時態，融和駘蕩，豈不如在目前乎？又若溫庭筠「鷄聲茅店月，人跡板橋霜。」賈島「怪禽啼曠野，落日恐行人。」則道路辛苦，羈愁旅思，豈不見於言外乎？

兩者在文體上，《六一詩話》不但添加「於」、「亦」、「若」、「又」等虛詞，而且行文的語氣也增加「豈不……乎」反問形式的語句。此蓋可窺知歐陽脩加入自己的情感，提醒讀者應注意其寫作意圖。

　　再者，《六一詩話》更有深化內容之處，如：

《試筆・九僧詩》

> 近世有《九僧詩》，極有好句，然今人家多不傳。如「馬放降來地，鵰盤戰後雲；春生桂嶺外，人在海門西。」今之文士未能有此句也。

《六一詩話》

> 國朝浮圖，以詩名於世者九人，故時有集號《九僧詩》，今不復傳矣。
> 餘少時聞人多稱之。其一曰惠崇，餘八人者，忘其名字也。餘亦略
> 記其詩，有云：「馬放降來地，鵰盤戰後雲。」又云：「春生桂嶺外，
> 人在海門西。」其佳句多類此。其集已亡，今人多不知有所謂九僧
> 者矣，是可歎也。

《試筆》開頭的「近世有《九僧詩》，極有好句，然今人家多不傳」，只使用
表示轉折的虛詞「然」字，《六一詩話》的「國朝浮圖，以詩名於世者九人，
故時有集號《九僧詩》，今不復傳矣」則連用表示限定的「以」「於」，表示因
果關係的「故」，表示斷定的「矣」，使讀者易於把握文章脈絡。而且增添「是
可歎也」用來表現感情，以深化文章的內容而形成立體的開展。

　　如「三上」、「三多」等眾所周知的逸聞，都是歐陽脩對於初稿再三推敲，
修正改訂才鍛鍊而成。《試筆》到《六一詩話》的發展，其深化內容、精鍊文
章的過程，也可說是歐陽脩文章筆法的特色。而在形成《六一詩話》的發展
過程中，虛詞的使用亦增添了文章深化的效果。

第四節　結　語

　　歷來對《六一詩話》的文體甚少進行具體的研究，尤其是以虛詞使用的
視點，進行綜合性考察的研究則未見。本文著眼於《六一詩話》的虛詞並進
行分析，發現《六一詩話》與《歸田錄》的文體具有相同的特色，而虛詞則
用得比司馬光的《續詩話》多，尤其是「非明示型」虛詞。至於《六一詩話》
的編纂過程，則有文章洗練，添加虛詞的傾向，此蓋為《六一詩話》文體的
特色。

　　本文以《六一詩話》虛詞使用的視點，揭示歐陽脩文章的特色。此與歷
來的研究視點完全不同，可以說是啟開了《六一詩話》新的一面。《六一詩話》
的虛詞使用，是歐陽脩文章寫作的特色，也是歐陽脩文體的典型代表。

第三章 從虛詞使用法來考察曾鞏古文的特色—與歐陽脩文風之比較—

緒　言

　　迄今為止，鮮有關於曾鞏文章特色的研究，因此本文的目的，是就曾鞏的文章特色予以具體的說明。

　　曾鞏的文章，常常被用「陰柔」一詞來加以形容。追本溯源，是因為清代的姚鼐曾將曾鞏文與歐陽脩文並稱，評價其為「陰柔」。由此可知，曾鞏文章的特色，必與歐陽脩的具有某種相似點。因此我們在考察曾鞏文章的特色時，考察其與歐陽脩文特色的相似點就成了關鍵。

　　本文指出，曾鞏與歐陽脩的文章特色相似點，正是兩人文章的虛詞使用法。因為虛詞與文意並沒有直接的關係，所以在某種程度上可以說：從虛詞的使用上，就能夠看出作者的個性。通過本文的考察，證明了曾鞏文章的虛詞使用，確實與歐陽脩的極為相似。也就是說，正因為曾鞏與歐陽脩的虛詞使用法的相似，一直以來將兩人的文章特色並稱為「陰柔」。而曾鞏文之所以與歐陽脩文有相似點，乃因曾鞏在少時便開始熟讀歐陽脩的文章，幾乎達到每篇都可以背誦的程度，不知不覺中將歐陽脩的虛詞使用法納入己身。

第一節　先行研究之概況

　　曾鞏，字子固，北宋天禧三年（一〇一九）生於江西建昌南豐，嘉祐二年（一〇五七）三十九歲時進士及第。及第之後長年被外放轉任各地知事，直至元豐五年（一〇八三）六十四歲時才調任中書舍人，翌年元豐六年（一〇八四）

因病去世。與較之小兩歲的王安石相比，曾鞏基本上對中央政治沒有發揮過甚麼影響，一生基本上可以說相對平穩。但其古文卻爲後代文人爭相傳誦，名列唐宋八大家，與歐陽脩、韓愈等人相比肩。

《宋史》卷三百一十九〈曾鞏傳〉開篇即對曾鞏作文水平之高作了如下之評述：

> 曾鞏字子固，建昌南豐人。生而警敏，讀書數百言，脫口輒誦。年
> 十二，試作六論，援筆而成，辭甚偉。甫冠，名聞四方。

《宋史》云曾鞏自幼即善作文，十二歲時就已經能夠寫作難度極高的六論，且一氣呵成，文辭華美。到「甫冠」之時，文名就已傳遍海內。曾肇〈南豐先生行狀〉在談到時人愛好曾鞏之文時寫道：

> 其所爲文，落紙輒爲人傳去，不旬月而周天下。學士大夫手抄口誦，
> 惟恐得之晚也。

然而，這麼一位所作文章「紙輒爲人傳去，不旬月而周天下」的古文大家，在今日之宋代文學研究中卻沒有得到應有的重視。對此，王水照先生曾談到：「在解放以來的古典文學研究中，曾鞏卻頗遭冷落。幾部文學史都一筆帶過，研究論著竟付諸闕。」〔註1〕陳飛《中國古代散文研究》也認爲「可在世紀初到一九八〇年的八十年間，卻頗遭冷落」，且指出：

> 一九四九年以後至七十年代末、八十年代初，研究曾鞏的論文幾乎
> 一篇也沒有，文學史提到他往往略略帶過。〔註2〕

由此可知，到一九八〇年初中國大陸學者竟然連一篇曾鞏研究的專論都沒有〔註3〕。事實上不只是中國學界，日本學界也常常只是將曾鞏作爲中國文學史之唐宋八大家中的一人予以簡介，但至今亦未見有學術專著問世。

八十年代之後，大陸學界對曾鞏的研究有了一定的改觀。一九八三年，在其故鄉江西省南豐召開了紀念曾鞏逝世九百週年的學術研討會，這次大會的論文後被收入《曾鞏研究論文集》一書，一九八六年由江西人民出版社刊行於世。此外，一九八四年中華書局也在《南豐先生元豐類稿》的基礎上整

〔註1〕參照王水照〈曾鞏及其散文的評價問題〉，收入《復旦學報（社會科學版）》一九八四年第四期（上海：復旦大學出版委員會，一九八四年）。

〔註2〕參照陳飛《中國古代散文研究》，（福州：福建人民出版社，二〇〇五年）。

〔註3〕此外，如一九九三年中華書局出版的中國文學知識叢書《曾鞏》（夏漢寧著）也提到：「特別是建國以來，曾鞏研究更是無人問津，除了幾部文學史有些簡單地介紹外，研究論著竟附諸闕如，這種狀況與曾鞏這位古文大家的地位是極不相稱的，這不能不說是一種遺憾。」

理出版了《曾鞏集》。二○○九年，同出版社又出版了李震編寫的《曾鞏資料彙編》，對研究曾鞏的基礎文獻進行了一定程度的整理。不過，我們還是不得不承認一個尷尬的現實：學界對曾鞏的研究，無論是從數量來說，還是從質量來說，遠遠無法與同為唐宋八大家之歐陽脩、蘇軾等人的研究相媲美。

　　對於學界如此冷落曾鞏研究之原因，王琦珍在〈論曾鞏的影響與評價〉一文中作了如下之分析：

> 這種偏頗，最終也還是影響及於「五四」新文化運動以後對曾鞏的評價。新文學思潮推翻了文壇上桐城派的統治，曾鞏因而也受到株連。
> 〔註4〕

而陳飛《中國古代散文研究》則在總結前人研究的基礎上，從學術史的角度對曾鞏研究遭到冷落之原因，進行了更深一層次的剖析：

> 朱安群〈從鼎鼎大名到世罕見之——論曾鞏文學地位的變遷〉一文，從歷史、文化的角度，全面探討了曾鞏從盛名煊嚇到遭受冷落的原因，並指出了曾鞏文章局限。……南宋、元、明、清人之所以重視曾鞏，是因為他的思想接近道學，是因為他們共同的「文以載道」的「雜」文學概念，還因為曾鞏的文章有法可循。但理學家覺得他的哲理水平低，思想史、學術史不提他，文學家則覺得他的文章道學氣太重，缺乏形象性和抒情性，所以文學史也冷落他。〔註5〕

陳飛認為，曾鞏的文章之所以受到古代讀書人的重視，乃是因為其文章被視為「文以載道」的典範。然而對於理學家來說，其哲理水平較低，文學家又嫌棄其文章過於刻板，因此，無論是從哲學史的角度來看，還是從文學史的角度來看，學者都很難將其作為一個典型來予以大量的研究。

　　總之，無論是受到桐城派之文學地位變遷的影響，還是受到從哲學史及文學史對曾鞏文章評價的影響，或許還有更多的原因，最終導致了被尊為唐宋八大家的曾鞏，在中國古典學術研究史中，特別是一九九○年以前很長的一段時間裏，沒有能夠得到應有的重視。從某種意義上來說，這不僅僅是曾鞏研究的一個缺憾，我們更應該將其看作是一個必須立即填補的，唐宋八大家研究乃至中國古代散文研究的一個空白。

〔註4〕王琦珍〈論曾鞏的影響與評價〉，收入《撫州師專學報》一九九○年第一期（撫州：撫州師範高等專科學校，一九九○年）。

〔註5〕陳飛《中國古代散文研究》（福州：福建人民出版社，二○○五年）。

第二節　傳統學術史對曾鞏古文的評價

　　如前人所述，曾鞏古文的一大鮮明特色就是以儒學為綱。早在《宋史·曾鞏傳》中，就以「本原六經」之語來盛贊曾鞏文章的儒學內核。《宋史》原文如下：

> 為文章，上下馳騁，愈出而愈工，本原六經，斟酌於司馬遷、韓愈，
> 一時工作文詞者，鮮能過也。

這種作文必須「先道後文」的思想，在曾鞏本人的文章中亦屢有言及，可以將其看作曾鞏作文的一個高度自覺。如〈寄歐陽舍人書〉云：「非蓄道德而能文章者，無以為也。」後世文人在評論曾鞏文章時，亦極重視其儒學內涵，明人甯瑞鯉在〈重刻曾南豐先生文集序〉中就明確指出：「蓋先生之文至矣，乃六經之羽翼，人治之元龜。自孟軻氏以來，未有臻斯盛者也。」今人錢貴成〈論曾鞏散文的藝術風格〉亦指出曾鞏「所謂『明聖人之心』的為文主旨是始終不變的。」〔註6〕

　　然而，除了已有定評的弘揚儒學精神之內核外，曾鞏古文究竟具有一種什麼樣的行文特徵與風格取向，在文學藝術的領域達到一個什麼樣的高度？對於此問題，過去幾乎沒有學者對此予以過詳細的探討。即使是在極為少數的幾篇略談到曾鞏古文特色的文章，也沒有去對曾鞏文章進行過具體的個案分析。如萬雲駿〈義理精深、獨標靈彩──試論曾鞏散文的素樸美〉談到：

> 這些都可見歐文的別一風格，即雄辯俊辭，富于文彩的一面。而曾
> 文則無此一面。所以有人說曾文缺少文彩。〔註7〕

吳小林《唐宋八大家》則認為：

> 他（曾鞏）有時抒情發感慨，也頗搖曳多姿，但沒有歐文那樣的文
> 彩和情韻。〔註8〕

由此可以看出，以上的這些對曾鞏古文特色的分析，大多停留在一個模糊印象的階段。在這些研究之中，學者們使用一些「缺少文彩」、「搖曳多姿」等抽象詞語，並沒有對曾鞏古文的文章結構及行文風格進行具體的分析〔註9〕。

〔註6〕收於《曾鞏研究論文集》（南昌：江西人民出版社，一九八六年）。

〔註7〕收於《曾鞏研究論文集》（南昌：江西人民出版社，一九八六年）。

〔註8〕吳小林《唐宋八大家》（合肥：安徽人民出版社，一九八四年）。

〔註9〕管見之內，對曾鞏文章進行過具體分析的只有喻進芳〈論曾鞏散文語言的聲音節奏及句法修辭對其散文風格的影響〉，文載《長江學術》二〇一〇年第一期（武漢：長江學術雜誌編輯部，二〇一〇年）。此文著重於從對曾鞏古文之

也就是說，如果要想對曾鞏古文風格特色達到一個真正的深入了解的層次，就不能再囿限於傳統的儒學精神，停留在一些對其文體似是而非的模糊論斷上，而是需要對其作一個更為具體細緻的綜合文本分析。

　　首先，古人對於曾鞏古文特點之概括，最有名的莫過於清代著名文人姚鼐在〈復魯絜非書〉一文中所提到的下面這段文字：

　　　　宋朝歐陽、曾公之文，其才皆偏於柔之美者也。

姚鼐認為，曾鞏與歐陽脩之古文同樣具有一種「柔之美」。而引起我們注意的是，姚鼐的這個對曾歐古文特色的概括，乃是建立在其評價韓愈古文為「陽剛」之美的基礎之上。也就是說，在姚鼐的評論之中，韓愈的「陽剛之美」與曾歐的「柔之美」乃是一組相輔相成的對應概念。此後，這個評斷得到了廣泛的傳播與襲用，譬如，清人劉熙載《藝概》云：「昌黎文意思來得硬直，歐、曾來得柔婉」，就是延續轉用了姚鼐的評論。可以看出，韓愈「陽剛」、歐曾「陰柔」的評價已經成了後代文人的一個共識。

　　從上述古人的評價可以看出，歐陽古文可以當成評價曾鞏古文的一個重要參照物，兩者在文體特色上同具有一種被抽象歸納為「陰柔」之美的共同文風。如果我們能夠找出歐曾兩人的文章在寫作手法上的具體相同之處，也就能夠對曾鞏古文之藝術特色有個比較深入的了解。也就是說，要分析曾鞏古文的特色，就有必要先將其與歐陽古文進行一個對比研究。

　　基於此，下文試以對比曾歐兩人古文中虛詞使用的特徵為例，對曾鞏的文風及其古文的藝術特徵進行一些具體的分析研究，填補學界對曾鞏古文研究的空白。

第三節　曾鞏、歐陽脩的古文中虛詞使用特徵

　　首先，讓我們來看看《宋史・曾鞏傳》之結篇對曾鞏古文特色的評述，其文如下：

　　平仄所佔比率以及文章總句數中對偶，反復句所佔比率的調查來對曾鞏文章進行分析。其中亦稍有涉及到本文重心之虛詞使用法之處，喻進芳認為：「曾鞏通過增加虛詞使原本緊縮的意脈變得疏朗」，「曾文借用很多句中關連詞和句末語氣詞，句子相對較長，用問句和感嘆句造成一種娓娓論道的情感氛圍，從而使語氣顯得舒緩」，曾鞏對虛詞的多用乃是試圖營造出一種行文舒緩的效果。與本文後文根據虛詞之「明示型」、「非明示型」，所分析得出曾鞏虛詞多用乃是使得銜接文章，控制讀者的閱讀心理的結論有很大的差異。

> 論曰……曾鞏立言於歐陽脩、王安石間，紆徐而不煩，簡奧而不晦，
> 卓然自成一家，可謂難矣。

此處所云「紆徐而不煩，簡奧而不晦」，可視爲時人對曾鞏古文特點的一個總體認識。也就是說，曾鞏古文多呈現出一種娓娓道來，言語平緩樸素，哲理深刻卻不奧晦的文風特徵。另一方面，對於歐陽脩古文的特色，蘇洵在〈上歐陽內翰書〉一文中寫道：

> 執事之文，紆余委備，往復百折。

這個評述與上述《宋史》對曾鞏古文特色的評論基本相同。可見，歐曾兩人的文章確有大同之處。亦知現有的對歐陽古文特色的探索方法，至少在一定程度上也適用於曾鞏的古文。

另外，眾所周知，歐陽古文的一大顯著特色，就是其獨特的虛詞（助字）使用法。對於此，前野直彬《中國文學史》寫道：

> 具體可以指出的是其助字頻繁使用。句頭的夫、惟、然，句中的而、之，句末的也、矣等文字總稱爲助字。借助這些助字的頻繁運用，句與句之間的承接關係變得更明瞭，雖然文章本身變長了，但一點也不妨礙讀者自然而然地體會到文章的論理。歐陽脩的文章裏，這樣的助字非常多。當然有些地方助字也可以省略，但這樣的話讀者不得不自己在閱讀的過程中，在自己的腦海中將其補上。因此，助字少的文章反而會影響到讀者對文章論理的領悟。〔註10〕

此後，在前野先生所提出歐陽脩古文之虛詞（助字）多用的觀點的基礎上，高橋明郎先生進一步將歐陽脩古文之虛詞使用法細分爲「非明示型」與「明示型」兩大類型，並指出歐陽脩古文中的虛詞使用法，大多屬於「非明示型」〔註11〕。

對於分析古文構文之中虛詞使用法的重要性，古人已早有談及。譬如，清人劉淇在《助字辨略》自序中提到：「構文之道，不過實字虛字兩端，實字其體骨，而虛字其性情也」，認爲實字是文章的骨幹，虛字（虛詞）的增減直接反映了作者的行文風格。事實上也的確如此，如多放在文末表示斷定語氣

〔註10〕前野直彬編《中國文學史》（東京：東京大學出版會，一九七五年）。茲引文爲譯者譯文。

〔註11〕高橋明郎：〈歐陽脩の散文文體の特色—韓愈の散文との差の成因—〉收入《日本中國學會報》第三十八集（東京：日本中國學會，一九八六年）。本文所引高橋觀點均據此文，以下不再一一注出。

的「也」、「矣」等虛詞，即使省略也不會直接影響到文意，此類虛詞的使用，完全出自於作者主觀的判斷。因此，其體現出的文體特色，比具有實際意義的語句當更能反映出作者的寫作個性。劉德清《歐陽修論稿》指出：「文章神氣，駢文在音律，古文在虛字，是有一定道理的。」〔註12〕。筆者也認為「古文在虛字」這個標準，正是在分析曾鞏古文特色上一個再恰當不過的切入點。

至於如何來選定考察曾鞏古文中的具體篇章，茅坤曾提出「記序為最」，認為記序乃曾鞏最得意的兩種文體，這個觀點基本上應該可以說是正確的。基於此，本文將虛詞調查的範圍明確限定在曾鞏詩文集《曾鞏集》所收七十四篇序記之上〔註13〕，調查對象之虛詞則限定為以下十六個最常用的詞彙〔註14〕：

　　○ 而……表示順接、逆接、追加的連詞。
　　○ 也……表示認定、疑問・反語、感嘆的語氣詞。
　　○ 於……限定介詞，此外亦有比較之意。
　　○ 因……用於上下句順接的副詞。

〔註12〕 劉德清：《歐陽修論稿》（北京：北京師範大學出版社，一九九一年）。
〔註13〕 曾鞏作品底本均據陳杏珍、晁繼周校點《曾鞏集》（北京：中華書局，一九八四年）。具體篇目如下：〈新序目錄序〉、〈梁書目錄序〉、〈列女傳目錄序〉、〈禮閣新儀目錄序〉、〈戰國策目錄序〉、〈陳書目錄序〉、〈南齊書目錄序〉、〈唐令目錄序〉、〈徐幹中論目錄序〉、〈說苑目錄序〉、〈鮑溶詩集目錄序〉、〈李白詩集後序〉、〈先大夫集後序〉、〈王深父文集序〉、〈王子直文集序〉、〈王容季文集序〉、〈范貫之奏議集序〉、〈王平甫文集序〉、〈強幾聖文集序〉、〈思軒詩序〉、〈越州鑑湖圖序〉、〈類要序〉、〈相國寺維摩院聽琴序〉、〈張文叔文集序〉、〈館閣送錢純老知婺州詩序〉、〈齊州雜詩序〉、〈順濟王敕書祝文刻石序〉、〈敘盜〉、〈贈黎安二生序〉、〈送傅向老令瑞安序〉、〈送周屯田序〉、〈送江任序〉、〈送劉希聲序〉、〈送李材叔知柳州序〉、〈送趙宏序〉、〈送王希序〉、〈王無咎字序〉、〈送蔡元振序〉、〈送丁琰序〉、〈謝司理字序〉、〈分寧縣雲峯院記〉、〈仙都觀三門記〉、〈禿禿記〉、〈醒心亭記〉、〈繁昌縣興造記〉、〈墨池記〉、〈菜園院佛殿記〉、〈宜黃縣縣學記〉、〈學舍記〉、〈南軒記〉、〈金山寺水陸堂記〉、〈鵝湖院佛殿記〉、〈思政堂記〉、〈兜率院記〉、〈飲歸亭記〉、〈擬峴台記〉、〈撫州顏魯公祠堂記〉、〈洪州新建縣廳壁記〉、〈清心亭記〉、〈閬州張侯廟記〉、〈歸老橋記〉、〈尹公亭記〉、〈筠州學記〉、〈瀛州興造記〉、〈廣德軍重修鼓角樓記〉、〈廣德湖記〉、〈齊州二堂記〉、〈齊州北水門記〉、〈襄州宜城縣長渠記〉、〈徐孺子祠堂記〉、〈江州景德寺新戒壇記〉、〈洪州東門記〉、〈道山亭記〉、〈越州趙公救災記〉。
〔註14〕 本文所列虛詞使用法及其文法意義，主要參考了牛島德次《漢語文法論（中古編）》（東京：大修館書店，一九七一年）。

○ 乃……承上接下的副詞。

○ 則……用於上下句順接的副詞。

○ 然……表示轉折的連詞。

○ 矣……表示斷定的語氣詞。

○ 蓋……表示限定的副詞。

○ 爾……表示認定的語氣詞。

○ 乎……表示疑問・反語、感嘆的語氣詞。

○ 哉……表示詠嘆的語氣詞。

○ 焉……表示認定的語氣詞。

○ 耳……表示認定的語氣詞。

○ 邪……表示疑問的語氣詞。

○ 歟……表示疑問、反語、感嘆的語氣詞。

　　首先，讓我們來將曾鞏古文，與同具有「陰柔」之特色的歐陽脩古文於此十六個虛詞的使用次數作一個比較。下表所列之歐陽脩虛詞使用數字為《歐陽文忠公集》所收八十七篇記序的調查結果〔註15〕：

〔註15〕　本文所調查的歐陽脩作品均以《四部叢刊》本《歐陽文忠公集》為底本，具體篇目如下：〈泗州先春亭記〉、〈夷陵縣至喜堂記〉、〈峽州至喜亭記〉、〈御書閣記〉、〈畫舫齋記〉、〈王彥章畫像記〉、〈襄州穀城縣夫子廟記〉、〈吉州學記〉、〈豐樂亭記〉、〈醉翁亭記〉、〈菱谿石記〉、〈海陵許氏南園記〉、〈真州東園記〉、〈浮槎山水記〉、〈有美堂記〉、〈相州畫錦堂記〉、〈仁宗御飛白記〉、〈峴山亭記〉、〈章望之字序〉、〈釋祕演詩集序〉、〈釋惟儼文集序〉、〈詩譜補亡後序〉、〈集古錄目序〉、〈蘇氏文集序〉、〈鄭荀改名序〉、〈韻總序〉、〈送楊寘序〉、〈送曾鞏秀才序〉、〈送田畫秀才寧親萬州序〉、〈謝氏詩序〉、〈送張唐民歸青州序〉、〈送王陶序〉、〈孫子後序〉、〈梅聖俞詩集序〉、〈送祕書丞宋君歸太學序〉、〈送徐無黨南歸序〉、〈廖氏文集序〉、〈外制集序〉、〈禮部唱和詩序〉、〈內制集序〉、〈帝王世次圖序〉、〈帝王世次圖後序〉、〈思潁詩後序〉、〈歸田錄序〉、〈仲氏文集序〉、〈續思潁詩序〉、〈江鄰幾文集序〉、〈薛簡肅公文集序〉、〈河南府重脩使院記〉、〈河南府重修淨垢院記〉、〈陳氏榮鄉亭記〉、〈明因大師塔記〉、〈叢翠亭記〉、〈非非堂記〉、〈遊大字院記〉、〈李秀才東園亭記〉、〈樊侯廟災記〉、〈東齋記〉、〈伐樹記〉、〈戕竹記〉、〈養魚記〉、〈游鯈亭記〉、〈浙川縣興化寺廊記〉、〈湘潭縣修藥師院佛殿記〉、〈偃虹隄記〉、〈大明水記〉、〈孫氏碑陰記〉、〈三琴記〉、〈仁宗御集序〉、〈送方希則序〉、〈送陳經秀才序〉、〈送楊子聰戶曹序〉、〈送廖倚歸衡山序〉、〈送梅聖俞歸河陽序〉、〈張應之字序〉、〈尹源字子漸序〉、〈胡寅字序〉、〈送陳子履赴絳州翼城序〉、〈送孫屯田序〉、〈張令注周易序〉、〈刪正黃庭經序〉、〈送王聖紀赴扶風主簿序〉、〈送太原秀才序〉、〈傳易圖序〉、〈月石硯屏歌序〉、〈七賢畫序〉、〈龍茶錄後序〉。

（表1）

作　者	曾　鞏	歐陽脩
總字數	39607	38748
而	936	1079
也	606	502
於	755	508
因	55	76
乃	51	62
則	273	168
然	218	290
矣	172	128
蓋	113	78
爾	10	22
乎	105	117
哉	96	66
焉	68	116
耳	21	9
邪	45	29
歟	22	24

　　從上表中所列數據可知，「而」字曾鞏爲936次，歐陽脩爲1079次；「因」字曾鞏爲55次，歐陽脩爲76次；「乃」字曾鞏爲51次，歐陽脩爲62次；「乎」字曾鞏爲105次，歐陽脩爲117次；「歟」曾鞏爲22次，歐陽脩爲24次；曾、歐兩人所使用之各虛詞的次數非常接近。爲了得到更精確的調查結果，我們再來看看兩者以一萬字爲調查基數所換算出來的使用頻度列表（2）。

（表2）

作　者	曾　鞏	歐陽脩
字數	10000	10000
而	236.3	278.5
也	153	129.6
於	190.6	131.1

因	13.9	19.6
乃	12.9	16
則	68.9	43.4
然	55	74.8
矣	43.4	33
蓋	28.5	20.1
爾	2.5	5.7
乎	26.5	30.2
哉	24.2	17
焉	17.2	29.9
耳	5.3	2.3
邪	11.4	7.5
歟	5.6	6.2

　　除去前文已提到虛詞之外的其他虛詞，如「也」字，曾鞏古文中一萬字之出現頻度為 153 次，歐陽脩為 129.6 次；「蓋」字，曾鞏為 28.5 次，歐陽脩為 20.1 次，兩者之使用頻度亦可說非常接近。

　　其次，讓我們再來看看具體篇章中兩者虛詞使用的傾向。歐陽脩古文之中最能體顯其虛詞使用特色當數〈醉翁亭記〉。以「環滁皆山也」一句開篇的〈醉翁亭記〉，全文一共使用了二十一個「也」字，對於其功能，劉德清《歐陽修論稿》談到：

> 歐陽修在本文中連用二十一個「也」字，它有規律地散見全篇，反
> 復出現，加強了文章的節奏感和抒情氣氛，也強化了文章詠嘆的韻
> 味，讀起來琅琅上口。〔註16〕

用「也」字來加強文章「詠嘆的韻味」，使其更容易「琅琅上口」，這種用虛詞來增強古文韻律的寫作手法，亦可見於曾鞏古文之中。譬如，曾鞏的〈宜黃縣學記〉就與歐陽脩〈醉翁亭記〉一樣，大量地使用了各類虛詞：「而」三十一次、「則」十四次、「於」十九次。其中具體使用文例如下：

> 宋興幾百年矣。慶曆三年，天子圖當世之務，而以學為先。於是天
> 下之學，乃得立。而方此之時，撫州之宜黃，猶不能有學。

文中的兩個「而」字以及表示斷定的「矣」的使用與否，並不會影響到文意

〔註16〕劉德清《歐陽修論稿》（北京：北京師範大學出版社，一九九一年）。

的表達。此處的虛詞使用，完全出自作者個人的判斷，即曾鞏之獨特的行文意識。

　　再來看看以下曾鞏描寫有關王羲之古蹟墨池的〈墨池記〉一文中的一節：

> 然後世未有能及者，豈其學不如彼邪。則學固豈可以少哉，況欲深
> 造道德者邪。

在短短的三十一個字之中，曾鞏連用了表示反問的「豈……邪」、「豈……哉」以及增強抑揚語調的「況……邪」之三個虛詞句式。此外，在〈墨池記〉的其他段落之中，還有兩處使用了「豈……邪」句式，「豈……耶」和「況……哉」則各有一處。〈墨池記〉全文僅兩百八十五字，其使用虛詞之多，正如實體現了曾鞏在寫作時，確實存在著靈活使用各種虛詞，以求達到增強文章之反語、抑揚效果的自覺。

第四節　曾鞏、韓愈的古文中虛詞使用特徵

　　在上一節中，我們調查了曾鞏與歐陽脩兩者關於古文虛詞的使用傾向，從而對曾鞏在古文上的創作特色有了一定的了解。然而，曾歐之間的比較顯然還不夠充分，因此還有必要將這兩人的文章，與其他古文作者進行深入的擴展比較。作為比較的對象，我們在此選擇了韓愈。在上文曾提到過，韓愈是唐宋八大家之中，最常被古人用來對比曾鞏——歐陽脩之文風的，所以他無疑是本文最佳的考察對象。

　　上文所提到的十六個虛詞，在韓愈四十五篇記序中的使用頻率〔註 17〕，得出的數據可與歐陽脩、曾鞏並列於下表（3）：

〔註17〕　本文所調查韓愈作品均以《四部叢刊》本《朱文公校昌黎先生文集》為底本。調查篇目如下：〈送陸歙州詩序〉、〈送孟東野序〉、〈送許郢州序〉、〈送竇從事序〉、〈上巳日燕太學聽彈琴詩序〉、〈送齊暭下第序〉、〈送陳密序〉、〈送李愿歸盤谷序〉、〈送牛堪序〉、〈送董邵南序〉、〈贈崔復序〉、〈贈張童子序〉、〈送浮屠文暢師序〉、〈送楊支使序〉、〈送何堅序〉、〈送廖道士序〉、〈送王秀才序〉、〈送孟秀才序〉、〈送陳秀才彤序〉、〈送王秀才序〉、〈荊潭唱和詩序〉、〈送幽州李端公序〉、〈送區冊序〉、〈送張道士序〉、〈送高閑上人序〉、〈送殷員外序〉、〈送楊少尹序〉、〈送權秀才序〉、〈送湖南李正字序〉、〈送石處士序〉、〈送溫處士赴河陽軍序〉、〈鄭尚書序〉、〈送水陸運使韓侍御歸所治序〉、〈送鄭十校理序〉、〈韋侍講盛山十二詩序〉、〈石鼎聯句詩序〉、〈送汴州監軍俱文珍序〉、〈送浮屠令縱西遊序〉、〈汴州東西水門記〉、〈燕喜亭記〉、〈徐泗豪三州節度掌書記廳石記〉、〈畫記〉、〈藍田縣丞廳壁記〉、〈新修滕王閣記〉、〈科斗書後記〉。

（表3）

作　者	曾　鞏	歐陽脩	韓　愈
總字數	39607	38748	15921
而	936	1079	341
也	606	502	233
於	755	508	241
因	55	76	14
乃	51	62	20
則	273	168	58
然	218	290	60
矣	172	128	51
蓋	113	78	8
爾	10	22	1
乎	105	117	79
哉	96	66	20
焉	68	116	62
耳	21	9	13
邪	45	29	20
歟	22	24	2

　　考慮到三人文章的總字數並不相同，因此我們還有必要將其換算爲每一萬字的出現頻率，算出的數據可參照下表（4）：

（表4）

作　者	曾　鞏	歐陽脩	韓　愈
字數	10000	10000	10000
而	236.3	278.5	214.1
也	153	129.6	146.3
於	190.6	131.1	151.4
因	13.9	19.6	8.8
乃	12.9	16	12.6
則	68.9	43.4	36.4

然	55	74.8	37.7
矣	43.4	33	32
蓋	28.5	20.1	5
爾	2.5	5.7	0.6
乎	26.5	30.2	49.6
哉	24.2	17	12.6
焉	17.2	29.9	38.9
耳	5.3	2.3	8.2
邪	11.4	7.5	12.6
歟	5.6	6.2	1.3

　　在上文也提到過，高橋先生在對比歐陽脩與韓愈古文的基礎上，曾得出過歐陽脩古文虛詞使用法大都屬於〈非明示型〉的結論。所謂〈非明示型〉虛詞使用法，高橋先生將其定義為：「例如『而』在表示順接、逆接與並列時均可使用，單依靠連詞並不能判斷出其承接關係。相反的『則』就只能用於順接。據此姑且將前者稱為『（連接關係）非明示型』，後者稱為『明示型』。」再來看看（表 4）中屬於「非明示型」虛詞的數據，首先「而」字，曾鞏為236.3 次、歐陽脩為 278.5 次，比較對象之韓愈為 214.1 次。是知曾鞏所用「而」字頻率恰好於韓歐之間，較歐陽脩則少，較韓愈則多。其次「蓋」字，曾鞏為 28.5 次、歐陽脩為 20.1 次，比較對象之韓愈為 5.0 次，是知在「蓋」字的使用上韓愈與曾歐兩人存在著相當大的差距。對於〈非明示型〉虛詞之功能，高橋先生指出：「體現了作者要求讀者在閱讀文章時，對此處文章進行確認以及情報的反饋。」也就是說，使用「蓋」以及「而」之類的虛詞，乃是隱含了作者希望讀者對此文之文意進行反覆確認，以便正確理解此處文意的潛在意圖。

　　包敬第、陳文華《曾鞏散文選》之〈前言〉對曾鞏〈墨池記〉的構文特徵進行過如下之述評：

　　　這種不一筆寫書而留待讀者思考的筆法，使文章顯得吞吐有致，姿
　　　態橫生〔註18〕。

包敬第、陳文華所指出〈墨池記〉之「留待讀者思考的筆法」，正好與諸如「蓋」字一類「非明示型」虛詞所體現出來的效果相同。可以確定，正是因為〈墨

　　　　　　　　　　　　　　　　　　　　　　　　　　　　　　　

〔註18〕參見包敬第、陳文華《曾鞏散文選》，（香港：三聯書店，一九九〇年）。

池記〉中使用了大量虛詞，才取得了一個促使讀者自己去思考，通過自己的思考而達到與作者一致的結論的顯著效果。

另外，用於文末虛詞之「歟」，以一萬字之頻率來計算的話，曾鞏為 5.6 次、歐陽脩為 6.2 次，韓愈則為 1.3 次；「爾」字，曾鞏為 2.5 次、歐陽脩為 5.7 次，韓愈則為 0.6 次。可知在這兩個虛字的使用上，韓愈與曾歐兩人存在著非常大的差距。不過，在「乃」字的使用上，歐陽脩為 16.0 次、曾鞏為 12.9 次，韓愈為 12.6 次，是知也存在著韓愈與曾鞏使用頻率相近的虛詞。

另外，如果單注重某一虛詞的使用頻率的分析，難免會出現我們無法對曾鞏虛詞的使用整體傾向進行把握的可能性。因此，此處還有必要對序、記兩種文體之中曾鞏、歐陽脩、韓愈三人的虛詞使用進行一個綜合分析。對於此，請參照下（表5）中的數據：

（表5）

作　者	曾　鞏	歐陽脩	韓　愈
而	1	1	1
也	3	3	3
於	2	2	2
因	11	10	12
乃	12	12	10
則	4	5	7
然	5	4	6
矣	6	6	8
蓋	7	9	14
爾	16	15	16
乎	8	7	4
哉	9	11	10
焉	10	8	5
耳	15	16	13
邪	13	13	10
歟	14	14	15

　　根據此表我們可再進一步計算出其中的 Spearman 相關係數（又稱秩相關係數）〔註19〕。所謂相關係數，是指用來顯示指兩個數據之間的相關（類似）程度的數據。取-1 到+1 之間的實數值，越靠近+1 則表示越具正相關性，反之，越接近-1 則越具負相關性。接近 0 則表示原來的數據之間的相關程度很低，缺乏類似性。

　　曾鞏與歐陽脩的 Spearman 相關係數爲 0.9735，接近+1，從這個數據再次證明了：曾歐兩人的虛詞使用在整體上亦極爲相似。一方面，曾鞏與韓愈的 Spearman 相關係數爲 0.8171，比起與歐陽脩的相關係數要遠離+1，這就證明了曾鞏在虛詞使用的整體特徵上更接近歐陽脩，而與韓愈存在著較大的差距。可見，古人將曾歐兩人的古文特色並稱爲「陰柔」，而將韓愈歸爲與之相反的「陽剛」，確實是有一定道理的。

　　附言一句，歐陽脩與韓愈的 Spearman 相關係數爲 0.8761，曾鞏與韓愈的 Spearman 相關係數爲 0.8171，由此可知，曾鞏與韓愈古文寫作傾向的差別要較歐陽脩與韓愈之間的更大。換句話說，單就記、序兩種文體來說，與韓愈之「陽剛」相比，曾鞏古文要較歐陽脩更能體現出「陰柔」的一面。

第五節　結語─與歐陽脩之關連─

　　爲何曾鞏與歐陽脩的古文風格會如此的接近？首先讓我們來看看兩人之間的交遊關係。歐陽脩爲曾鞏同鄉前輩，長曾鞏十二歲。慶曆元年（一〇四一）曾鞏二十三歲時上京就曾去拜見過歐陽脩。歐陽脩在〈送吳生南歸〉一詩中記敘了其第一次看到曾鞏文章時的感受：

　　　　我始見曾子，文章初亦然。崑崙傾黃河，渺漫盈百川。

在詩中，歐陽脩對曾鞏文章之波瀾氣概讚不絕口。對於此次見面，《宋史・曾鞏傳》寫道：「歐陽脩見其文，奇之。」慶曆二年（一〇四二），曾鞏科舉落第返鄉之時，歐陽脩作〈送曾鞏秀才序〉來激勵曾鞏，並在文中屢屢使用諸如「有司棄之，可怪之」、「有司所操果良法」等語句對當時的主考官進行抨擊，認爲導致曾鞏落第並非其本人實力不濟，乃是主考一側選拔人才的方法存在重大問題。曾鞏返鄉之後，相繼寫了不少書信給歐陽脩（〈上歐陽學士第二

〔註19〕參照《統計學辭典》（東京：東洋經濟新報社，一九八九年）中的相關定義。又，此處所用 Spearman 順位相關係數爲同順位相關係數修正版。相關知識受教於鹿兒島大學理學部近藤正男教授良多，特此謝悃。

書〉、〈上歐陽舍人書〉、〈再與歐陽舍人書〉等），一方面陳述自己對時政的意見，另一方面請求得到歐陽脩的指導。嘉祐二年（一○五七）歐陽脩權知貢舉，時年三十九歲的曾鞏終於如願及第。兩年後，經歐陽脩推舉至館閣編校史館書籍，拜命館閣校勘校理。在校理館閣藏書時，曾鞏撰寫了〈戰國策目錄序〉〈梁書目錄序〉等被稱為目錄序代表作的作品。

關於歐陽脩對自己的恩遇之情，曾鞏在〈上歐陽學士第二書〉中寫道：

> 執事每曰：「過吾門者百千人，獨於得生為喜。」

在〈祭歐陽少師文〉中寫道「言由公誨，行由公率」，指出自己一生以能夠忝列歐陽門下為榮，為人處世亦處處以歐陽脩教誨為準繩。可見，歐陽脩的知遇之恩對曾鞏一生的為人處世產生了極為深刻的影響。

那麼，歐陽脩的文風又對曾鞏產生了什麼影響呢？對於此，曾鞏在〈上歐陽學士第一書〉中寫道：

> 鞏自成童，聞執事之名。及長得執事之文章，口誦而心記之。

談到自己自幼即崇拜歐陽脩，並將歐陽脩的文章熟記於心中。也就是說，曾鞏在幼年時期就受到歐陽脩文風的深刻影響。正因如此，此後其文章構成、遣詞造句才會與歐陽脩如此相似，以致讓讀者一閱即能感受到兩者文風的大同。

最後，本文所考證的虛詞，雖然並不能直接影響到文章的大意，但卻直接反映出了作者的行文風格與用詞傾向。這裡還想強調一點的是，我們並不能將曾鞏文章中虛詞使用法，當成是對歐陽脩的刻意模仿，統計數據顯示出兩者虛詞使用風格還是存在著一些微妙距離。總的來說，曾鞏的文章還是有其獨特的一面，只是幼年時期對歐陽脩文風的刻意模仿，使得成年之後曾鞏的文風在不自覺中融入了歐陽脩的色彩。而正是這種與歐陽脩文風的神會與融合，使得曾鞏形成了一種既不同於韓愈，亦不同於歐陽脩的獨特古文風格。也正因如此，雖然他沒有在政治上有所作為，但卻仍然得以與韓愈、歐陽脩比肩於唐宋八大家，得以名垂千古。這一點，恰可從本文對歐陽脩及曾鞏兩人虛詞使用法的考察得到詳證。

第四章 《醉翁琴趣外篇》成立考

緒 言

　　一般被認爲成書於南宋時期的歐陽脩（一○○七～一○七二）詞集，多見有《近體樂府》和《醉翁琴趣外篇》兩種。這兩種詞集內，有相同作品一百二十四首，另外，僅見於《近體樂府》的有七十首，僅見於《醉翁琴趣外篇》的有七十九首。其後唐圭璋從其中選取兩百四十首編入《全宋詞》歐陽脩一目下。

　　《近體樂府》本來收錄於《歐陽文忠公集》卷一百三十一至卷一百三十三。眾所周知，《歐陽文忠公集》乃周必大（一一二六～一二○四）於南宋紹興二年（一一九一）到慶元二年（一一九六）花了六年時間所整理出來的歐陽脩全集。因此毫無疑問，《近體樂府》亦是周必大進行文集整理工作的一環，其成立最晚也不會遲於慶元二年。從文集後的校勘署名來看，具體擔任這一部分編集工作的是羅泌。羅泌事蹟鮮有記載，但《宋史翼》卷二十九載其「字長源，廬陵人，學博才宏，侈遊墳典，廼搜集百家，成《路史》四十七卷。」可知其爲歐陽脩同鄉，亦不失爲當時享有盛譽的一位博學之士。

　　另一方面，《醉翁琴趣外篇》共收詞兩百零三首，其中有七十九首不見於《近體樂府》。下文還要細述，今傳歐陽脩詞中確實包含了一部分僞作，而這些僞作又恰好多見於《醉翁琴趣外篇》。因此學界據此，不時提出一些《醉翁琴趣外篇》原本即非歐陽脩詞集的觀點，即「僞作說」。但是仔細閱讀這些論文，可發現其中論說實有諸多臆測之處。基於此，本文擬先對「僞作說」觀

點所存在的問題點進行剖析，再廣泛利用各種文獻材料盡可能勾畫出《醉翁琴趣外篇》的成書時間及其過程，以求對這一歐陽脩研究中爭論已久的問題提出一些自己的看法。

第一節　「偽作說」的問題點

柏寒《六一詞》〔註1〕在談到歐陽脩詞時曾作出如下之評論：

歐詞中有很多愛情篇章，特別是在《醉翁琴趣外篇》中，有不少關於男女情事的描寫。歷來詞的評論家一方面把這些詞貶斥為鄙褻之語，別一方面又為聖賢諱，認為「一代儒宗，風流自命」的歐陽脩不可能寫出這樣的詞。曾慥說：「當時小人或作艷曲，謬為公詞。」（《樂府雅詞序》）王灼認為這些詞是他人所作：「群小指為永叔，起曖昧之謗。」（《碧雞漫志》卷三）吳師道認為「當是仇人無名子所為。」（《吳禮部詞話》）羅泌更指為劉煇偽作，在整理《平山集》時，乾脆盡行刪去。

可是翻檢曾慥《樂府雅詞序》，卻不難發現原文並非針對《醉翁琴趣外篇》而作的，其原文為：「歐公一代儒宗，風流自命，詞章幼眇，世所矜式，當是小人或作艷曲，謬為公詞。」當然不可否認，曾慥文中確有作為「一代儒宗」的歐陽脩不可能創作此類艷曲，必是小人故意所為之意。但要注意的是，曾慥並沒有提到《醉翁琴趣外篇》，甚至沒有片言支語來暗示此段言論是因《醉翁琴趣外篇》而發。再確認柏寒引作依據的其他諸如王灼、羅泌語，同樣可以發現其文均非針對《醉翁琴趣外篇》所發（上引文所提到的吳師道《吳禮部詞話》「當是仇人無名子所為」之文，乃誤引，此文原出陳振孫《直齋書錄解題》。對於吳師道的《吳禮部詞話》，下文另有詳述）。

接下來讓我們再來推敲一下李栖〈醉翁琴趣外篇眞偽考〉的相關論述〔註2〕：

就目前可見到的資料中，認為琴趣是偽作的，最早見於北宋曾慥《樂府雅詞序》：「歐公一代儒宗，風流自賞（按當作「命」，此處從原文），

〔註1〕柏寒（宋柏年之筆名）選注《六一詞》（杭州：浙江古籍出版社，一九九○年）。另外，亦見同氏《歐陽修研究》（成都：巴蜀書社，一九九五年）。

〔註2〕李栖《歐陽脩詞研究及其校注》第五章〈醉翁琴趣外篇眞偽考〉（台北：文史哲出版社，一九八二年）。

詞章幼眇，此（按當作「世」，此處從原文）所矜式，當是小人或作
語（按當作「曲」，此處從原文），謬爲公詞。」其次是校訂歐陽脩
全集的羅泌，他在《近體樂府》卷三的第一篇跋中說：「云云，今定
爲三卷，云云，其甚淺近者，前輩多謂劉煇僞作，故削之。」王灼
說：「歐陽永叔所集歌詞，自作者三之一耳。其他他人數章，群小因
指爲永叔起曖昧之謗。」陳振孫也說：「其間多有與陽春，花間相雜
者，亦有鄙褻之語一二廁其中，當是仇人無名子所爲。」

此處李栖亦羅列了北宋曾慥《樂府雅詞序》、羅泌的校語，以及王灼與陳振孫
等人的言論，來作爲《醉翁琴趣外篇》爲托僞之作的根據。但是誠如上文所
指出的，曾慥等人的言論，並非針對《醉翁琴趣外篇》所發。此外，作爲新
材料的陳振孫的原文如下：

歐陽文忠公脩撰。其間多有與《陽春》、《花間》相雜者，亦有鄙褻
之語一二廁其中，當是仇人無名子所爲。

文中指出歐陽脩的詞，早已與五代時期的《花間集》，以及馮延巳《陽春集》
有所混雜，其中還混入了「仇人無名子」所爲之「鄙褻之語」。細讀原文，很
明顯陳振孫同樣沒有提到《醉翁琴趣外篇》，可知其議論亦非針對《醉翁琴趣
外篇》。

在回溯了上述幾篇持《醉翁琴趣外篇》是僞作的觀點的重要論文之後，
我們可以確認：這些論文中所提供的文獻依據，實與《醉翁琴趣外篇》無直
接聯繫。從北宋曾慥的記載來看，當時歐陽脩詞中，確實有一些豔曲有可能
是僞作，但包括他在內的羅泌、王灼、陳振孫等人，均未提及《醉翁琴趣外
篇》。柏寒和李栖等人僅根據這些言論，就判斷《醉翁琴趣外篇》爲僞作，不
能不說其考證有曲解古人言論之嫌，其結論沒有文獻依據。

第二節　從歐陽脩的相關資料來探討《醉翁琴趣外篇》的存在

田中謙二在《歐陽修の詞について》一文中談到〔註3〕：

也許是多費了一些口舌，繞了一個小小的彎子。在此處我想進一步

〔註3〕田中謙二《歐陽修の詞について》，收入《東方學》第七輯（東京：東方學會，
　　　一九五三年）。

明確本文的寫作意圖。也就是說，我認爲歐陽脩詞集之定本《近體樂府》以及未被其他選本所採錄的七十三篇作品，即使是歐陽脩本人所創作的作品也沒有什麼可以大驚小怪的。作爲政治家，以及在哲學、史學、文學以及金石學等諸領域中都取得了非凡造詣的學者與作家，這位除了多達一百五十三卷文集以外，還留下了數不勝數的著述的歐陽文忠公，其作爲一個偉人的廣博深遠，是萬不可以用凡人眼光來度之的。當然，即使是《近體樂府》所收的詞也含有不少疑爲他人之作（馮延巳十一首、晏殊九首、張先六首、李煜、柳永、秦觀各二首、唐無名氏、蘇軾、黃庭堅、杜安世各一首），因此我們無法保證被保留在《醉翁琴趣外篇》中的七十三首詞都是歐陽脩親手所制。但是，單以俗豔爲理由就簡單地將其定爲僞作的的道學先生的態度，實在是應該引起我們的不滿與反思。

田中氏在上文所提到的「《近體樂府》以及未被其他選本所採錄的七十三篇」，基本上可以確定指的是：未被《近體樂府》所採錄，而僅只保留在《醉翁琴趣外篇》中的作品（實際上應該是七十九篇）。由於這些作品豔麗浮華，被宋代以後的道學先生嗤爲僞作，但田中氏卻認爲在沒有更直接的證據之前，還是應該將其（除了可以斷定的一小部分）視爲歐陽脩的作品。乍看起來，宋代以後的道學先生與田中氏的觀點，是兩種水火不容的正反之論，但究其立論的思想根源，其實卻是大同小異──都是立足於將這些詞作視爲歐陽脩人格的表現，不同的只是對歐陽脩所具備的不同人格魅力的評價基準而已。道學先生尊歐陽脩爲品行高潔的大儒，而田中氏則將其視爲一個有血有肉感情豐富的文人學者。

但是上述論文在討論這個問題時，都忘卻了文學史上的一個基本常識：在宋代，詞是一種與詩「身份」不同的文學體裁。眾所周知，北宋時人對詩詞的創作態度與評價標準有很大的區別。由宴席音樂所發展起來原流行於民間的詞，其創作本身就具有很強烈的「遊戲」色彩。因此對一首詞的好壞之評價往往基準於「作爲遊戲所應具備的風流情調」，而不是其內容善惡虛實、是否與著者身份相稱等與詞本身無關的外在因素。南宋羅大經《鶴林玉露》丙編卷二在談到歐陽脩的詞時提到的「雖遊戲作小詞，亦無愧唐人《花間集》」，就是著眼並強調了歐陽脩詞之濃厚的「遊戲」色彩。而對於詩，我們雖然也不能完全排除其也或多或少具有「遊戲」性質的一面，但總的來說，

宋代文人官僚的詩歌創作，根本還是繼承了《詩經》的大傳統，是一種與士
大夫的社會地位直接相關聯的文學行為。

　　如果我們對傳統文學史上的宋詩與詞的相關論述，提不出截然不同的反
對意見的話，那我們可以看出：過去對歐陽脩詞，特別是在分析《醉翁琴趣
外篇》中的詞作時，持「詞的內容是作者人格的表現」這一判斷基準是極為
不妥當的。作為旁證，我們還可以從相關資料推測出：歐陽脩本人對此類作
品本身亦不甚重視。作者本身對此類作品視如棄帚（歐陽脩本人並無將其所
作詞輯錄編為定本之行動），而時人亦不曾以一種十分認真的態度來對待之
（出現了很多偽託、混同、改作的現象），這都可以說明在當時詞還不是一種
「身份」很高的文學體裁，還沒有像詩一樣達到了「是作者人格的表現」。聯
繫到當時的文學主流意識，我們就不難看出：上述許多根據詞的內容來判斷
歐陽脩詞的真偽，並以此來懷疑《醉翁琴趣外篇》為偽作的論說，是一種有
悖於文學常識的論斷。而且，判斷《醉翁琴趣外篇》是否為偽作，本來就不
應該單據後人的言論，首先有必要對與歐陽脩相近時代的史料做一番梳理。

　　於此我們先來確認一下歐陽脩去世後所留下的著作目錄。在歐陽脩辭世
後的第二年（熙寧六年，一〇七三）由吳充所執筆的《行狀》中，提到了歐陽
脩留下了以下著作：

> 嘗被詔撰《唐紀》十卷、《志》五卷、《表》十五卷。又自撰《五代
> 史》七十四卷。……嘗著《易童子問》三卷、《詩本義》十四卷、《居
> 士集》五十卷、《歸榮集》一卷、《外制集》三卷、《內制集》八卷、
> 《奏議集》十八卷、《四六集》七卷、《集古錄跋尾》十卷、《雜著述》
> 十九卷。諸子集以為家書總目八卷。其遺逸不錄者，尚數百篇，別
> 為編集而未及成。

文中所提到的《雜著述》十九卷是指《河東奉使奏草》二卷、《河北奉使奏草》
二卷、《奉使錄》一卷、《濮議》四卷、《崇文總目敘釋》一卷、《于役志》一
卷、《歸田錄》二卷、《詩話》一卷、《筆說》一卷、《試筆》一卷、《近體樂府》
三卷，共計十九卷。可見吳充文中沒有對《醉翁琴趣外篇》予以記載。此外，
在距《行狀》三十三年後崇寧五年（一一〇六）由蘇轍撰寫的《歐陽文忠公神
道碑》中，則記錄了如下之歐陽脩的書目：

> 凡為《易童子問》三卷、《詩本義》十四卷、《唐本紀表志》七十五
> 卷、《五代史》七十四卷、《居士集》五十卷、《外集》若干卷、《歸

榮集》一卷、《外制集》三卷、《內制集》八卷、《奏議集》十八卷、
《四六集》七卷、《集古錄跋尾》十卷、《雜著述》十九卷。

由蘇轍神道碑文可知，在吳充撰寫《行狀》之後的三十多年中，歐陽脩的作
品集只增加了「外集若干卷」，還是沒有《醉翁琴趣外篇》的相關記載。再進
一步綜覽諸如《郡齋讀書志》《直齋書錄解題》等宋代書目，我們可以驚訝的
發現：還是找不到《醉翁琴趣外篇》的蹤影。由此我們可以確認一個重大的
事實：在與歐陽脩相近的北宋時代的文獻資料中，完全沒有與《醉翁琴趣外
篇》相關記載，並由此可以作一個大膽的假設──《醉翁琴趣外篇》這本詞
集極有可能在曾慥、羅泌等人的時代根本就還沒有成書，這或就是為什麼諸
人文章中沒有言及《醉翁琴趣外篇》的根本原因。

第三節　琴趣系列叢書的存在與《醉翁琴趣外篇》的成立

考證各類文獻，可以發現最初提到《醉翁琴趣外篇》存在的，是元代吳
師道（至元元年，一三二一年進士）所撰的《吳禮部詞話》，其文如下：

> 近有《醉翁琴趣外篇》凡六卷二百餘首，所謂鄙褻之語，往往而是
> 不止一二也。

吳師道提到《醉翁琴趣外篇》「凡六卷二百餘首」，且所收詞中多有「鄙褻之
語」。可知至少在元代吳師道時代，《醉翁琴趣外篇》已經成書並且有了一定
範圍的傳播。據此我們可以推測出《醉翁琴趣外篇》成書的大致下限時間。
但很遺憾的是，單據吳師道的記載，我們仍無法求證上文所提出的「《醉翁琴
趣外篇》這本詞集在曾慥、羅泌等人的時代根本就不存在」這一假設。

事實上，在過去的相關研究中，完全沒有注意到《醉翁琴趣外篇》並不
是一本單行於世的書，而是一套系列叢書中的一本。將《醉翁琴趣外篇》與
琴趣系列叢書聯繫起來，才是澄清《醉翁琴趣外篇》成書時間及過程的關鍵。

從《四庫全書總目》等目錄書籍中，我們可以檢索到以下九種《○○琴
趣（外篇）》為題的書籍：

○　現存書籍
　　＊ 歐陽脩《醉翁琴趣外篇》六卷
　　＊ 晁補之《晁氏琴趣外篇》六卷

* 晁元禮《閑齋琴趣外篇》六卷
* 黃庭堅《山谷琴趣外篇》三卷
* 趙彥端《介庵琴趣外篇》六卷
○ 僅存書目
* 葉夢得《琴趣外篇》
* 秦觀《淮海琴趣》
* 眞得秀《眞西山琴趣》
* 晏幾道《小山琴趣外篇》

對於此類琴趣外篇叢書，倉石武四郎在《論琴趣外篇》一文中談到〔註4〕：

> 可知這些所謂的琴趣外篇，姑且不提其編勘的是非功過，這幾乎都可以認爲是某一地方的某一個人統一企劃編撰的系列叢書，換句話說，就是採用了「琴趣外篇」這一通名的彙刻詞集。據見到過山谷琴趣的朱氏所鑒定，這本書乃屬於南宋閩刻本。再根據本文前述的理由，我們可以推測出這一系列的叢書都基本上可以套用朱氏的鑒定結果。……先不說醉翁、淮海、山谷這些眾所周知的大家，在這裏值得我們留意的是趙介庵，他是現存七種書中唯一的一個南宋人〔註5〕，而且如前所述，他還曾任任職福建建寧府。這與南宋閩刻本這一說法，是否亦有某種因果關係呢？

在上述文中，我們特別要重視的是：倉石氏指出的這類所謂的琴趣系列叢書，極有可能就是在福建地方所編撰的「彙刻詞集的通名」，當屬於南宋閩刻本。換言之，這一系列詞集均採用「琴趣」這一詞語爲書名，並非巧合，而是福建某一書肆在企劃出版詞集系列時，有意識的用此語來凸顯這類書籍屬於同一個系列，是一套大型叢書。

　　讓我們再來從《醉翁琴趣外篇》爲福建某一地方刊刻的閩本這一觀點，

〔註4〕倉石武四郎〈『琴趣外篇』に就いて〉，收入《支那學》第四卷第一號（京都：弘文堂書房，一九二六年）。
〔註5〕倉石氏此處論琴趣系列爲七種，其實應該有九種。其外相關記述還有長田夏樹〈晁端禮と蘇門と琴趣外篇の詞人達（宋詞覺え書き—2—）〉，其文指出：「由上可知《琴趣外篇》所談到的醉翁、閑齋、山谷、淮海、晁氏、石林這七種，另外在朱孝臧輯《彊村叢書》中還可見到有：「趙彥端《介庵琴趣外篇》六卷」（趙彥端，一一二一～一一七五），但其性質有所不同，因此應該將其排除於外。」收入《神戸外大論叢》第二十一卷第三號（神戸：神戸市外國語大學研究所，一九七〇年）。

來考察一下此書的成書時期及其背景。對於當時閩本的出版發行，清水茂曾在《中國目錄學》中講到〔註6〕：

> 相對於蜀地在北宋初期就迎來了書籍刊刻的繁榮期，並以其底本的校勘精準而口碑相傳比起來，閩地的出版事業則是遲到南宋時期才開始逐漸興盛，由於其奉行的是一種露骨的商業盈利態度，因此其對底本的校勘就不甚嚴謹細密。另外，即使是在福建，其出版業也主要是集中在建寧府建安縣麻沙鎮，因此以此地為名的麻沙本，也就成了惡俗之本的代名詞。

> 此處茲舉一例來證明閩本的露骨的盈利企圖。我國的內閣文庫所藏書中有一本叫《類編增廣潁濱先生大全文集》的蘇轍詩文集，書名既用「增廣」，又用「大全文集」，顯然是試圖給讀者一種此書搜羅了蘇轍所有的詩文的印象，刺激讀者的購買欲望，凸顯宣傳效果。這部書最後一卷標為第百三十七卷，看起來卷秩繁浩，但實際上從第十一卷到第二十卷、第二十六卷到第三十五卷、第四十六卷到第四十九卷、第六十七卷到第七十九卷的共三十七卷，從一開始起就不存在，實際上仍只有一百卷。換句話說，此書有高達三分之一的三十七卷是摻了水的。

> 而且，為了粉飾自己的所刻本子為善本，閩本還多銘刻上監本之標記，假冒國子監的官刻本；或者冒稱京本，讓顧客誤認為此書乃首都出版。這些都是為了達到賣書營利的手段，不值得信賴。

由此可知，閩本最大的特徵就是惟利是求，以至於到了不顧所刻書籍本文之好壞的程度。其實，吳師道所見的《醉翁琴趣外篇》也可以看出這種傾向。《吳禮部詞話》記到：

> 前題東坡居士序，近八九語，所云散落尊酒間，盛為人愛尚，猶小技，其上有取焉者。詞氣卑陋，不類坡作。

吳師道提及其所見的《醉翁琴趣外篇》附有假冒蘇軾的序文（此序文不見於《宋金元明本詞四十種》所收本〔註7〕），但一見即知其文字粗劣，絕非蘇軾

〔註6〕清水茂《中國目錄學》（東京：筑摩書房，一九九一年）。

〔註7〕民國吳昌綬於一九一七年所編撰的《宋金元明詞四十種》中收入的《醉翁琴趣外篇》為現在最容易見到的本子。吳昌綬本與臺灣國立中央圖書館所藏南宋本《醉翁琴趣外篇》相比較，可以發現兩者無論是在體例上，還是在形式上都完全相同，由此可以推知吳昌綬本之底本為南宋本。

親筆，明顯是書肆爲圖營利而僞作。這種爲了追求營利而不負責任的作僞行爲，恰好又就是琴趣系列叢書的一個共通特徵。比如，明代的毛晉在晁補之《晁氏琴趣外篇》的跋文中寫道：

> 昔年見吳門鈔本，混入趙文寶諸詞，亦名《琴趣外篇》。蓋書賈射利，眩人耳目，最爲可恨。余旣厘正，《介庵詞》辨之詳矣。

對於《山谷琴趣外篇》，饒宗頤在《詞籍考》中寫道〔註8〕：

> 至南宋閩刻本《山谷琴趣外篇》三卷，詞數僅得一卷之半，僞文奪字，芟節題序，祝穆譏爲俗本者。

可見，黃庭堅《山谷琴趣外篇》一書，亦存有閩刻本所習見的文字謬誤脫落，肆意刪除題序文字等致命缺點，這正是琴趣系列最爲顯著的共同特徵。因此，同屬於此系列的《醉翁琴趣外篇》收錄著一些只要經過考證，即可確認爲他人之作的現象，此不足爲奇。

　　另外，有關琴趣系列的成書時間，徐培均在其《淮海詞版本考》一文中曾談到過〔註9〕：

> 《淮海琴趣》與《西山琴趣》並列，想必同刻於理宗朝，此即南宋中葉也。當時閩刻以建陽所屬麻沙、崇化兩鎮爲最，凡書之爲讀者所需而有利可圖者，坊賈輒廣爲搜訪雕印。

徐培均認爲琴趣系列的出版，無非是迎合讀者需要的看法，頗值得參考。綜觀中國出版史，衍至南宋中葉，出版已經逐漸演變爲一種營利事業。當讀者有需求，同時又有利可圖時，琴趣外篇才有可能作爲一套大型系列叢書投入市場。另外在同一文章中，徐氏還注意到了秦觀《淮海琴趣》與眞德秀《眞西山琴趣》合刻這一現象，眞德秀去世於南宋理宗端平二年（一二三五），徐氏據此推斷出《淮海琴趣》大致成書於理宗年間，這一考證應該是可信的。根據徐氏考證我們亦可類推出同屬此系列的《醉翁琴趣外篇》其成書時間亦大致相同，基本上可以確認是在理宗年間（一二二四～一二六四）編撰的，而這就是前述宋代《郡齋讀書志》、《直齋書錄解題》等目錄書沒有對此書予以記載的原因，因爲《醉翁琴趣外篇》的編成是在比《郡齋讀書志》、《直齋書錄解題》等成書還更晚的南宋後期。曾慥、羅泌、王灼、陳振孫等人，根本就無法知道後世還會有一本名爲《醉翁琴趣外篇》的書存在，也就無從根

〔註8〕饒宗頤《詞籍考》（香港：香港大學出版社，一九六三年）。
〔註9〕收於徐培均《淮海居士長短句》（上海：上海古籍出版社，一九八五年）。

據這些人的言論來考證《醉翁琴趣外篇》的眞僞。

其實，我們還可以進一步精確推斷出《醉翁琴趣外篇》的刊刻時間。陳振孫的《直齋書錄解題》，於上述九種琴趣外篇裡，唯獨提到了葉夢德《琴趣外篇》，其文云：「《注琴趣外篇》三卷　江陰曹鴻注葉石林詞。」《直齋書錄解題》具體成書於何年，至今尙未得到完全的證實，但學界大致認爲其成書於南宋淳佑十年（一二五〇）之後〔註10〕。由此可以推知：《直齋書錄解題》成書時，琴趣系列中除了附有曹鴻注的葉夢得《琴趣外篇》已經刊行之外，其他書籍皆尙未問世。我們亦可據此推斷出歐陽脩《醉翁琴趣外篇》的成書，是在淳佑十年以後的理宗朝後期了。

第四節　成立於理宗朝後期的《醉翁琴趣外篇》

對於《醉翁琴趣外篇》的成書過程，謝桃坊在《歐陽脩詞集考》一文談到〔註11〕：

> 這樣的推論雖近情理，但是宋人王灼《碧雞漫志》卷二卻有一則有關的重要記載：「歐陽永叔所集歌詞，自作者三之一耳。其間他人數章，群小因指爲永叔，起曖昧之謗。」可見歐陽脩除了曾手輯《平山集》和《六一詞》而外，還編輯過一種歌詞集。據王灼粗略估計，其中歐公自作詞占三分之一……王灼爲北宋末人，去歐公時代不遠，他說歐公所輯歌詞集的性質及其中數章誣謗歐公的豔詞等情況，完全與《醉翁琴趣外篇》冥合合符。《外篇》中歐公自作占約半數，同時收他人之作，數章豔詞也在其中。可肯定《外篇》確爲歐公所編集者。

謝氏根據王灼《碧雞漫志》中「自作者三之一耳」的記載，斷定《醉翁琴趣外篇》爲歐陽脩親自所編纂，而且除了自己的作品之外，更收入有他人的數則豔詞。在這篇論文中，謝氏還認爲：「既然《琴趣外篇》系歐公輯己作與流行歌曲之集，其中一百二十五首見於《近體樂府》者多數固爲歐公之作，則

〔註10〕此處有關《直齋書錄解題》成書於淳佑十年以後的論述，採用了陳樂素〈直齋書錄解題作者陳振孫〉的觀點，此文原載一九四六年十一月二十日《大公報‧文史週刊》第六期（上海版），其後收於《直齋書錄解題》附錄二（上海：上海古籍出版社，一九八七年）。

〔註11〕《文獻》一九八六年第二期（北京：國家圖書館，一九八六年）。

其餘的七十八首豔詞便與歐公無涉了。」但如本文前述，《醉翁琴趣外篇》這一書名在歐陽脩的相關史料中了無蹤影，若果眞爲歐陽脩所編纂，便不可能沒有任何蛛絲馬跡。再聯繫到南宋理宗朝琴趣系列叢書的存在，很明顯，其《醉翁琴趣外篇》爲歐陽脩本人所編撰的說法是完全站不住腳的。

　　李栖在其〈醉翁琴趣外篇眞僞考〉則提出了另一種看法〔註12〕：

　　　　沈曾植說：「羅泌跋云：云云。有《平山集》盛行於世。曾憾雅詞不
　　　　盡收也。按今之六卷《琴趣外篇》，疑即《平山集》之類。歐集校語
　　　　於平山琴趣略無徵引，不知何故。」……但他又奇怪羅泌的校語爲
　　　　什麼又完全不徵引醉翁琴趣。其實這一點是可以解釋的，因爲羅泌
　　　　早說了「其甚淺近者……劉煇僞作。」他已認定《琴趣》是僞作，
　　　　當然沒有徵引得必要了。

李栖針對沈曾植的疑問，提出羅泌早已知《醉翁琴趣外篇》爲僞作因此不屑一提的回答。可是這個推論顯然有違事實。因爲根據本文的考證，《醉翁琴趣外篇》乃是成書於南宋淳佑十年（一二五〇）以後，距羅泌完成《近體樂府》校勘的慶元二年（一一九六）要晚五十年以上，可見並不是羅泌對《醉翁琴趣外篇》不屑一提，而是他根本就不可能知道這本書的存在，李栖的說法顯然不正確。

第五節　結　語

　　最後，我們再來推測一下有關未被《近體樂府》採錄，卻被《醉翁琴趣外篇》收入的七十九首詞之前因後果。

　　正如上文所提及，《近體樂府》的編撰，本屬周必大等人編撰一百五十三卷本《歐陽文忠公集》的一環。根據《歐陽文忠公集》各卷末所記載的校勘時所採用的諸本可知，周必大等最少也選用了「石本、夷陵石本。綿州重刻大杭本、大杭本。綿本、綿州本。眉本、眉州本。衢本。浙江本。建本、閩本、承平時閩本、承平時印本。吉本、吉州本。吉州羅寺丞家京師舊本、京師舊本、羅氏本、羅本。恕本」等二十幾種本子。除了這些歐陽脩文集底本以外，還進一步參考了「《仁宗實錄》、《兩朝國史》、李燾《長編》、《文纂》、慶曆《文粹》、熙寧《時文》、《文海》、京本《英辭類稿》、《鍼啓新範》、《仕

〔註12〕李栖《歐陽脩詞研究及其校注》第五章〈醉翁琴趣外篇眞僞考〉。

途必用》」等書籍。可以說周必大在《歐陽文忠公集》的編纂態度上是極爲認真的，其事業規模亦十分浩大，幾乎網羅了所有可能收集到的文獻。由此類推，羅泌在編纂《近體樂府》時無疑地也收集並參考了大量文獻資料，其在校勘中所闡述的「其甚淺近者，前輩多謂劉煇僞作，故削之」一文，正表示其在收集文獻時看到了很多署名爲歐陽脩所作的詞，只是因其內容「淺近」，再根據前人之言認定爲「劉煇僞作，故削之」。

許多學者將《近體樂府》看做有源可溯、值得信賴的資料，而將《醉翁琴趣外篇》視爲無跡可尋，而且是收入了很多俗豔，作品信賴程度很低的資料。這種只根據詞的內容來判斷作品眞僞的作法顯然過於草率，這在本文前節中已有所批判，此處不再贅言。由此可以看出：唯羅泌《近體樂府》所收詞才是歐陽脩眞作這一觀點，本身並沒有文獻根據，更不用提《近體樂府》以外，還散見許多傳爲歐陽脩所作之詞，此亦爲一不爭的事實。南宋理宗朝後期福建某書肆在編纂《醉翁琴趣外篇》時，極有可能將這些被摒除於《近體樂府》的作品予以網羅。考慮到南宋中葉福建書肆唯利是圖的編書原則，就會發現即使是明知存有假冒之嫌的歐陽脩詞，只要有市場，就將其彙編成書，署上歐陽脩之名並予以銷售這件事，是極有可能發生的。更不用提這些詞在某些文獻中就是署爲歐陽脩之作。到此，我們完全可以說：《醉翁琴趣外篇》是作爲歐陽脩詞集而被編撰，這一基本看法確不可動搖。只是除了歐陽脩本人的作品，其書中確實有意無意地混入了一些可疑之作。

總而言之，我們基本上可以將《醉翁琴趣外篇》定位爲一本由南宋福建地區的書肆所編纂的歐陽脩詞集。而且其中還廣泛地收入了一批由於俗豔，而被摒除於《近體樂府》之外的歐陽脩作品。反過來說，如果不是因爲有這本書的存在，我們便很有可能早已無法看到這批被排除於《近體樂府》的詞作。姑且不論其是否眞爲歐陽脩本人所作，單從文獻保存這一角度來看，《醉翁琴趣外篇》的存在無疑是極有價值的，應該受到積極的評價，不應該僅僅將其認爲是一本無足輕重的托僞之作。

第五章　江戶時代的歐陽脩評論

緒　言

　　綜觀日本漢文學史的流行，平安時代前期（七六二～九三〇）與江戶時代（一六〇三～一八六七）是兩大高峰。平安時代前期的漢學之所以盛行，是因遣隋使、遣唐使往來中國，進而受到中國影響的緣故。日本古典如清少納言《枕草子》（九九六年前後）中，即有「文則《文集》、《文選》」的記述。可知昭明太子的《文選》、白居易的《白氏文集》對當時日本的影響極大與廣爲流行的情形。至於江戶時代的漢學則繼承鎌倉（一一九二～一三三三）、室町（一三三六～一五七三）時代，以臨濟宗五大寺院爲中心，即五山文學的學風而發展的。五山的學風則是藉著在平安時代末期至鎌倉時代，宋朝新的學問─程朱學─傳入日本的契機而展開的。其後，五山的僧侶更航渡中國，研究中國學術，不但所作的詩文與中土文人無異，也將中國當時最新的程朱理學精義傳布至日本。義堂周信（一三二五～一三八八）、岐陽方秀（一三六一～一四二四）、桂菴玄樹（一四二七～一五〇八）等人皆是聞名當時的學問僧。其中又以桂菴玄樹的學術成就對日本儒學影響最大。其於應仁元年（一四六七）至文明五年（一四七三）間留學中國，潛心於明代朱子學，又於文明十三年（一四八一）在日本的薩摩藩刊行《大學章句》，開啓了日本刊行朱子學書籍的先河。

　　江戶時代的儒學繼承五山文學的結晶進而開花結果。江戶時代儒學之祖是藤原惺窩（一五六一～一六一九），而惺窩本來即是五山的僧侶，由此可知

江戶時代儒學受五山文學的影響極深。惺窩以後，江戶時代的儒學有了極大的發展。各學派的學術主張各有異同，於是相繼出現的朱子學派、陽明學派、折衷學派、古文辭學派等次第爭鳴於江戶時代。

本文並非以江戶時代學術流變爲著眼點，而是以歐陽脩評價爲基軸，來考察江戶時代對歐陽脩評價的變遷。〔註1〕

第一節　古義堂文庫所藏《歐陽文忠公集》

論江戶時代前期歐陽脩評價時，不可忽視的人物是伊藤仁齋（一六二七～一七〇五）。伊藤仁齋名維楨，字源佐，別號棠隱，爲古義學（或稱古學派）之祖。所謂「古義」，指的是以文獻的字義解釋儒學的眞理。仁齋的詩文觀是道德的、政教的，認爲學（學問）不離道（道德）而存在，因此重視明道之文而未必重視言志之詩。

對於歐陽脩的評價，伊藤仁齋說：

> 韓柳各出自一家機軸。在漢之下宋之上。而論本色當行，則班馬之後，當歸於歐陽公。（《仁齋日記》）

在唐宋八大家中，仁齋對歐陽脩的評價要高於韓愈與柳宗元。

仁齋於寬永二年（一六六二）在京都堀川開設私塾古義堂，講授孔孟之學。仁齋死後，長男伊藤東涯（一六七〇～一七三六）繼任古義堂，是爲第二代塾主。東涯死於元文元年（一七三六），是時其子伊藤東所（一七三〇～一八〇四）僅七歲，因此由東涯之弟伊藤長堅（一六九四～一七七八）擔任古義堂教授，東所亦隨長堅問學。及長，伊藤東所開始繼任古義堂塾主，但此時古義堂已經衰退，失去學界的中心地位。

伊藤仁齋以後，伊藤家數代的藏書被整理爲古義堂文庫。古義堂文庫於一九四一年由京都的堀川遷移至天理圖書館。古義堂文庫中所藏有南宋周必大（一一二六～一二〇四）於慶元二年（一一九六）編纂、其子周綸修定的《歐陽文忠公集》一百五十三卷附錄五卷共三十八冊。宋版的宋人文集能以幾近

〔註1〕本文主要參考以下文獻：山岸德平校注《五山文學集·江戶漢詩集》（東京：岩波書店，一九六六年）、松下忠《江戶時代の詩風詩論》（東京：明治書院，一九六九年）、清水茂《唐宋八家文》（東京：朝日新聞社，一九七八年）、拙文《延德版大學について》，收入《汲古》第三十一號（東京，汲古書院，一九九七年）、《古義堂文庫目錄》，（天理：天理大學出版部，一九五六年）。

完整的形式傳至今日，實爲難能可貴。古義堂文庫所藏的《歐陽文忠公集》
有一部分經過補寫，即《居士集》卷三五至卷四○的第一葉、《居士集》卷二
三的第 18 葉至卷二五、《易童子問》、《外制集》、《內制集》卷一至卷四等，
都是由伊藤長堅補寫的。《表奏書啓四六集》卷四第一葉至第五葉、同卷五第
二十六葉至第二十九葉，《集古錄跋尾》卷七第一葉至第十八葉、附錄卷五第
三十七葉也有補寫痕跡，但補寫者不詳。雖然如此，就南宋本《歐陽文忠公
集》一百五十三卷附錄五卷而言，古義堂文庫所藏《歐陽文忠公集》裡，僅
有二十三卷的部分內容爲後人補寫，這在今日是絕無僅有的。所以天理圖書
館所藏的古義堂文庫《歐陽文忠公集》被指定爲日本的國寶。

　　古義堂文庫是伊藤仁齋以來伊藤家的藏書。經過伊藤長堅補寫的《歐陽
文忠公集》其末葉記載有「明和八年辛卯三月十七日讀了東所」的文字，即
古義堂第三代塾主伊藤東所曾讀完此書。又從伊藤仁齋對歐陽脩進行評論的
情形，更可窺知：江戶時代前期伊藤家對歐陽脩的文學是何等尊崇。

第二節　徂徠學的影響

　　考察江戶時代中期的儒學狀況，非涉及徂徠學的影響不可。徂徠學席捲
十八世紀初，即享保（一七一六～一七三五）至明和（一七六四～一七七一）
數十年間的日本文壇。徂徠學的開山始祖是荻生徂徠（一六六六～一七二
八）。徂徠學又稱爲古文辭學派。荻生徂徠深受明代主張「文必秦漢，詩必盛
唐」的李攀龍（一五一四～一五七○）和王世貞（一五二六～一五九○）影響。
荻生徂徠排斥宋學，宗尙李攀龍、王世貞的學風，以爲不研究秦漢及其以前
的文章，即不能把握經書的眞義。結果，秦漢以後的文章，特別是以歐陽脩
爲主的宋人文學，完全被徂徠否定了。茲引述徂徠的論說，以理解徂徠的見
解：

> 唐唯韓柳，明唯王李。自此以外雖歐蘇諸名家，亦所不屑爲。（《與
> 松霞沼》）
> 唐稱韓柳，宋稱歐蘇。而今所以不取歐蘇者，以宋調也。宋之失，
> 易而冗。其究必至於注疏而謂之文矣。（《四家雋例》）

只要是宋代的文章，即使是歐陽脩、蘇軾的作品也不屑一顧，更加以排斥。
徂徠在《復安澹泊》一文中具體地批評歐陽脩的文章：

且文章尚體。記者記其事也。……而漫然議論亭所以名，敷衍以為
記者，宋文之弊也。

故永叔之《畫錦堂記》非記也。……皆論也。論而妄命之曰記若賦
碑，是謂之不識體。是又不侫平日所黜不取者也。

徂徠以為歐陽脩的《畫錦堂記》並不符合「記」的體裁，故不足取，進而徹
底否定歐陽脩的文章。徂徠門下才俊輩出，如太宰春台（一六八〇～一七四
八）、服部南郭（一六八三～一七五九）、山縣周南（一六八七～一七五二）、
安藤東野（一六八三～一七一九）等皆為一時俊秀。所以即使荻生徂徠死後，
徂徠學派的勢力依然足以傲視當時學界。由於徂徠排斥宋代學術文章，徂徠
學全盛的江戶時代中期，即十八世紀中葉的數十年間，歐陽脩的文章完全被
忽視，也得不到適當和確切的評價。

第三節　和刻本的編纂

探討江戶時代歐陽脩評價的問題時，不可忽視江戶時代中期儒者皆川淇
園（一七三四～一八〇七）的持論。在以歐陽脩為主的宋人文章被全面否定
的狀況下，皆川淇園開風氣之先，與清田儋叟（一七一九～一七八五）共同
校勘並標點《歐陽文忠公集》三十六卷，對於和刻本的出版至關重要。

皆川淇園於享保十九年（一七三四）十二月八日生於京都，文化四年（一
八〇七）五月一日去世，享年七十四歲。名愿，字伯恭，號淇園。就江戶時代
儒學史而言，皆川淇園的學問屬於折衷學派。

淇園的詩文觀由下文可以窺知：

嗟乎吾必弗求諸言，求之意；弗求諸辭，求之道。（《刻歐陽脩文集
序》）

淇園主張「文以載道」，因此極為推崇以載道為文章主體的韓愈、歐陽脩的作品。

皆川淇園的文集中，敘述其對歐陽脩見解的有《刻歐陽脩文集序》、《代
島靖之跋刻六一居士集後》等。茲逐一列舉，以考察淇園的歐陽脩論。

首先在《代島靖之跋刻六一居士集後》中，皆川淇園指出：

余視歐公之文，其溫潤者如美玉，其敷腴者如春華爾。

以「美玉」、「春華」比喻歐陽脩的文章，意謂歐陽脩的文章結構巧妙，為文
學藝術的結晶，因而對之賞譽有加。

對於歐陽脩在古文復興上的功績，淇園在《刻歐陽脩文集序》中說：

> 至宋有歐陽脩，學韓愈而興古文。初宋爲古文者，有柳開、穆修等。
> 當修之時，又有尹洙、蘇舜欽等。而及脩後於二子爲古文，卒獨傑
> 然出乎數人之上。……故宋文繼脩而起者有三蘇、王安石及曾鞏。
> 文質彬彬，並稱後世，亦由脩振之也。

當時的文壇，與歐陽脩同時或稍早的傑出古文家輩出，只是歐陽脩本身承繼
了唐韓愈的職志而提倡古文復興，同時蘇洵、蘇軾、蘇轍與王安石等人又都
是由於歐陽脩的拔擢方馳名文壇。因此淇園以爲在唐宋八大家中，歐陽脩的
地位特別崇高。淇園又說：

> 嗟乎韓歐二子，其才不高，則惡能卓絕數世之上而興既廢之文哉。

淇園將韓愈、歐陽脩二人並稱，歐陽脩是宋代古文復興的代表，韓愈是唐代
古文復興的代表，二人不但文才高絕，爲學界泰斗，又致力於古文的提倡，
古文復興乃因此功成順遂。意即：淇園極度推崇歐陽脩的文章及其在古文復
興上的功績。至於淇園的文學論又如何，由《歐陽脩文集序》的敘述或可窺
知淇園的見解：

> 辭者意之表也，義者言之實也。有裡後有表，有實故有華。無裡無
> 實，辭何由立？舍本而急末，忽內而努外，其於形理不亦戾乎？

文章不僅是外在的修飾而已，若不能充實內在的義理並流暢地表達，就算不
上文章。淇園接著又說：

> 故其意誠至則其氣必憤，其絲誠專則其精必聚。氣積而精聚則其言
> 與辭不待求之而自至。是謂文之至要。夫文處至要而言明大道，不
> 亦贍乎。

淇園以爲充實自身內在的「精」與「氣」，文章自然天成，此乃「文之至要」。
換句話說，淇園重視文章的內容與義蘊，充實的內容才是創造文章的原動力。
充實的內在與通達的外在相融合，才是詩文的上乘之作，此爲淇園的文學觀。

淇園除了以上見解外，亦反對墮入形式的駢文，此與重視內容充實的唐
宋古文家主張一致。歐陽脩《答祖擇之書》說：

> 學者當經師，師經必先求其意。意得則心定，心定則道純，道純則
> 充於中者實，中充實則發爲文者輝光。

歐陽脩爲了安定內心、充實精神而主張以經書爲師，由此可知是歐陽脩與皆
川淇園文論的共通基點。

綜上所述，主張「文必秦漢」而完全否定唐宋八大家的徂徠學派，雖然在江戶時代中期─即十八世紀初期至中期的數十年間─擁有極大的勢力，足可支配當時的文壇。但十八世紀中期以後，徂徠學派則日漸衰微。恰可反映此一現象的是：皆川淇園爲天下先的校勘歐陽脩文集，時爲寶曆十一年（一七六一），時值淇園二十八歲。皆川淇園校勘歐陽脩文集一事，不僅是江戶時代歐陽脩論變遷過程的關鍵，也是江戶時代文學發展的轉折點。由於文壇情況的轉變，其所尊崇的風尙也有所差異。淇園等人校勘標點並出版和刻本，正是徂徠學派失去其在江戶文壇絕對影響力的時期。可以說：皆川淇園校勘歐陽脩文集的時期，與江戶時代歐陽脩評價的轉換期是一致的。

第四節　皆川淇園的歐陽脩評價

皆川淇園校勘《歐陽文忠公集》的經過見於《刻歐陽脩文集序》：

> 余通家子有島氏名定國，京人也。好學，頗知爲古文之說，而每語稱韓歐二家不厭也。而其家舊蓄歐集二本，其一爲元時刻本，比今所有多異同。余嘗暇日與君錦共校讎其二本，頗多所是正。而定國則復獨爲歐集，病我邦未有刊本也，遂捐資募工，經二年而刻成。

皆川淇園與其友人清田儋叟校訂大島靖之所藏元刊本，是爲第二種《歐陽脩文集》。大島靖之以日本尙未有《歐陽脩文集》的刊本而引以爲憾，乃鳩工刊刻經淇園、儋叟校訂的《歐陽文忠公集》三十六卷，且於兩年後刊行問世。《歐陽文忠公集》三十六卷是《歐陽脩文集》的一部分，是《居士集》五十卷中除詩詞以外的文章部分。

此和刻本刊行於寶曆十三年（一七六三），皆川淇園則是在兩年前的寶曆十一年校讎完畢，是時淇園二十八歲，正值京都文壇的徂徠學勢力式微，反徂徠學風潮逐漸興起的時候。因此淇園校勘《歐陽脩文集》，正是文壇開始反徂徠學風潮的前兆。

淇園早年深受徂徠學的影響，但在其三十歲時卻撰述了《論學》一文，內容在敘述走出徂徠學的藩籬，確立自身學問方向的過程。若果如此，那麼淇園校勘《歐陽脩文集》的二十八歲，正是其脫離徂徠學而別出蹊徑的摸索時期。淇園藉著《歐陽脩文集》的校勘，咀嚼歐陽脩古文的精髓，於是對其自身文學論的形成產生莫大的影響。基於淇園的文學論與歐陽脩的共通之處，即可想像淇園在文學論的形成過程中，深受歐陽脩的影響。淇園揭示自

身文學論的文章，即是《刻歐陽脩文集序》一文。因此，此文不但敘述其校勘《歐陽文忠公集》的過程，也說明了自身文學論形成的經過。

　　大島靖之所藏的兩種《歐陽文忠公集》，固然是引發皆川淇園校勘《歐陽脩文集》的動機。但若不是淇園深受歐陽脩影響，進而意圖遠紹歐陽脩的文學觀，皆川淇園豈會從事煩瑣的校勘與訓詁工作？換言之，淇園之所以校勘《歐陽文忠公集》，乃是淇園推崇歐陽脩在古文復興方面的功績，進而取法其對文學的見解，終於確立了自身的文學觀。

第五節　結　語

　　鹽谷宕陰（一八〇九～一八六七）是江戶幕府官學昌平黌的教授，也是江戶時代後期的儒者代表。《鹽谷宕陰先生行述》敘述鹽谷宕陰的文章說：

> 先生以文章名，每一篇出，人爭傳誦之，天下之士，識與不識，咸曰宕陰我歐陽氏也。

鹽谷宕陰的文章馳名海內，而被稱譽爲是「我歐陽氏也」，即當時以「歐陽脩」爲冠絕一世的文章名家的固有名詞。是知幕府的學者文人皆以歐陽脩爲文章大家，而推崇備至。

　　皆川淇園活躍於十八世紀中葉的學界，當時文壇對歐陽脩的評論既已一改徂徠學派的否定批判，轉爲尊尚推崇的態度；加上寬政二年（一七九〇）松平定信命令大學頭林信敬以朱子學爲官學，嚴禁新奇之說與異學的流行。又任命柴野栗山、岡田寒泉爲博士，徹底實施朱子學的講授與提倡。世稱獨尊朱子學而排出異學的禁令爲「寬政異學之禁」。結果本來由於徂徠學派流行而式微的宋代文學，就藉著幕府的政令而完全復興。換言之，與朱子學表裡一體的宋代文學開始再度流行於當時的文壇。此一現象也表現於教學方面。幕府昌平黌相繼於文化十一年（一八一四）刊行《唐宋八家文讀本》，文政元年（一八一八）又刊行《文章規範正編》以作爲教科書，並爲各地藩府的學校競相採用，於是唐宋八大家文很快就流行全國。直到幕末，也有刊行《歐陽文忠公文抄》以作爲昌平黌的教本。幕末儒者鹽谷宕陰被尊稱爲「我歐陽脩氏」，可見當時唐宋八大家文在學界的風行程度。

　　從徂徠學開始衰退的十八世紀中葉，到宋代文學因「寬政異學之禁」而復興的十八世紀末，此數十年間是江戶時代歐陽脩評價的轉換期。在此期間，

皆川淇園校勘訓點《歐陽脩文集》，開日本重視以歐陽脩爲主的宋代文學風氣之先。換句話說，以歐陽脩爲主的宋代文學尚被否定的時期，皆川淇園即致力於歐陽脩的研究，更促成了和刻本《歐陽文忠公集》的刊行。因此可以說皆川淇園的校勘訓點工作，是江戶時代肯定歐陽脩學術地位的一大關鍵。就此意義而言，皆川淇園是探討江戶時代歐陽脩評價的流變時，絕對不可或缺的重要學者。

第六章　關於近年出版的
　　　三種歐陽脩全集

緒　言

進入新世紀以來，歐陽脩的全集相繼出版了如下數種：

一、李逸安點校《歐陽修全集》全六冊（北京，中華書局，二〇〇一年三月）

二、李之亮箋注《歐陽修集編年箋注》全八冊（成都：巴蜀書社，二〇〇七年十二月）

三、洪本健校箋《歐陽修詩文集校箋》全三冊（上海：上海古籍出版社，二〇〇九年八月）

以往讀歐陽脩〔註1〕作品所據文本，比較常用的是《四部叢刊》所收《歐陽文忠公集》。上列三種校點與注釋本全集的問世，為讀者提供了很大便利；以此為基礎的研究論文也隨之出現。然而，該三種全集所使用的底本以及編纂原則等卻互有不同。這些不同當然也顯示各自的特色，但是從歐陽脩全集之形成歷程的角度考量，底本選擇和編集原則上的差異，確實包含著必須重視研討的問題。

本章考察上述三種全集所據的底本選擇和編集方針，在指出其各自特色的同時，也著力確認哪一種全集較忠實地保持了歐陽脩當初的意圖，以期對今後的歐陽脩研究有所裨益。

〔註1〕歐陽脩（歐陽修）的姓名寫法，有「歐陽脩」和「歐陽修」兩種，筆者迄今一直使用「歐陽脩」的標識。在中國通常寫為歐陽修；而這三種全集也都寫為歐陽修。因此，本章中，三種全集書名用「歐陽修」，其餘皆用「歐陽脩」。

第一節　周必大《歐陽文忠公集》的編纂過程

　　首先需要確認歐陽脩全集的形成過程。歐陽脩全集的最初文本是由南宋周必大（一一二六～一二〇四）等編纂的《歐陽文忠公集》一百五十卷，各卷目如下：

　　　　《居士集》五十卷

　　　　《居士外集》二十五卷

　　　　《易童子問》三卷

　　　　《外制集》三卷

　　　　《內制集》八卷

　　　　《表奏書啓四六集》七卷

　　　　《奏議集》十八卷

　　　　《雜著述》十九卷〔註2〕

　　　　《集古錄跋尾》十卷

　　　　《書簡》十卷

　　以上一百五十三卷中，關於歐陽脩本人編纂的部分，周必大〈歐陽文忠公年譜後序〉（《平園續稿》卷十二）中明確記錄：

　　　　《居士集》五十卷，公所定也。

可見該五十卷爲歐陽脩所編定。

　　此外，《居士集》卷四十三收有歐陽脩《外制集序》和《內制集序》。《外制集序》寫道：

　　　　豈以予文之鄙而廢也，於是錄之爲三卷。

據此可確認《外制集》三卷爲歐陽脩本人所編。而《內制集序》尚有記載：

　　　　然今文士，尤以翰林爲榮選。予既罷職，院吏取予直草，以日次之，

　　　　得四百餘篇，因不忍棄。……嘉祐六年秋八月二日廬陵歐陽脩序。

可見歐陽脩的該四百餘篇，是由其屬下事務官按日期順序整理編集；該《內制集序》則是作於嘉祐六年（一〇六一）。據此當可認爲，《內制集》八卷是完成於該年。

　　《居士集》卷四十四中尚收錄有落款爲治平四年（一〇六七）九月的《歸

〔註2〕該《雜著述》包括：《河東奉使奏草》二卷、《河北奉使奏草》二卷、《奏事錄》一卷、《濮議》四卷、《崇文總目敍釋》一卷、《于役志》一卷、《歸田錄》二卷、《詩話》一卷、《筆說》一卷、《試筆》一卷、《近體樂府》三卷。

田錄序》，則可斷定《歸田錄》完成於當時。〔註3〕另一方面《集古錄跋尾》
十卷的開首有歐陽脩《集古錄目序》，置於該序後面的是歐陽脩之子歐陽棐的
《錄目記》，後者記有「《集古錄》既成之八年」。《錄目記》自述作成於熙寧
二年（一〇六九），則《集古錄》當是作成於《錄目記》成書八年前的嘉祐七
年（一〇六二）。〔註4〕進而言之，《集古錄跋尾》是《集古錄》之一部分，則
可推《集古錄》當是完成於嘉祐年間。

　　由上可見，《居士集》五十卷、《外制集》三卷、《內制集》八卷、《歸田
錄》二卷、《集古錄跋尾》十卷，皆可確斷爲歐陽脩生前編纂整理而成。

　　再者，歐陽脩去世翌年（熙寧六年），吳充所寫行狀有如下記述：

　　　嘗著《易童子問》三卷、《詩本義》十四卷、《居士集》五十卷、《歸
　　　榮集一卷、《外制集》三卷、《內制集》八卷、《奏議集》十八卷、《四
　　　六集》七卷、《集古錄跋尾》十卷、《雜著述》十九卷。諸子集以爲
　　　《家書總目》八卷。其遺逸不錄者，尚數百篇，別爲編集而未及成。

其中述及的《詩本義》與全集分別刊行，姑且除外。已經可確認由歐陽脩本
人整理完成的是《居士集》五十卷、《外制集》三卷、《內制集》八卷、《歸田
錄》二卷、《集古錄跋尾》十卷；此外述及者有《易童子問》三卷、《奏議集》
十八卷、《四六集》七卷、《雜著述》十九卷，以及散逸之作「尚數百篇」，後
者雖欲專門編集而終未成。又可知周必大所編全集中未見的《歸榮集》一卷，
及歐陽脩去世後成書的《家書總目》八卷之存在。還可確認的是，周必大《歐
陽文忠公集》一百五十三卷所含《居士外集》二十五卷、《書簡》十卷，當時
尚未出現。

　　周必大〈歐陽文忠公集後序〉述曰：

　　　起紹熙辛亥春，迄慶元丙辰夏，成一百五十三卷，別爲《附錄》五卷。

〔註3〕《歸田錄》成於治平四年（一〇六七），其後重寫而於熙寧四年（一〇七二）
　　　獻於神宗皇帝。詳見拙稿〈歐陽脩の『歸田錄』について〉收入《九州中國
　　　學會報》第三十四卷（福岡：九州中國學會，一九九六年）。

〔註4〕歐陽脩《集古錄自序》中寫有嘉祐八年（一〇六三）的日期。而從歐陽棐《錄
　　　目記》的記述看，《集古錄》當是完成於嘉祐七年（一六〇二）。從而，《集古
　　　錄》是否完成於嘉祐七年，抑或是在寫《集古錄自序》的嘉祐八年，尚有疑
　　　點。可參見余敏輝〈《集古錄》成書年代辨〉收入《史學史研究》二〇〇四年
　　　第三期（北京：北京師範大學歷史學院史學研究所，二〇〇四年）、王宏生〈《集
　　　古錄》成書考〉收入《史學史研究》二〇〇六年第二期（北京：北京師範大學
　　　歷史學院史學研究所，二〇〇六年）等。

《歐陽文忠公集》一百五十三卷編纂於紹熙二年（一一九一）至慶元二年（一一九六）的六年間。周必大在〈歐陽文忠公集後序〉中記述了編纂《歐陽文忠公集》初始（一一九一）面臨的狀況：

> 故別本尤多。後世傳錄既廣，又或以意輕改，殆至訛謬不可讀。

可見當時歐陽脩作品集的「別本」繁雜，且多有纂改謬誤，難以卒讀，因此他才傾力著手編纂歐陽脩全集。當時周必大等人的編纂，是以歐陽脩本人生前所編《居士集》五十卷、《外制集》三卷、《內制集》八卷、《歸田錄》二卷、《集古錄跋尾》十卷為基礎，再收錄另外已成集的《易童子問》三卷、《奏議集》十八卷、《四六集》七卷與《雜著述》十九卷，更將當時被視為歐陽脩詩文而流傳的其餘作品編集為《居士外集》二十五卷和《書簡》十卷等。由此形成合計一百五十三卷的全集。關於周必大所編該《歐陽文忠公集》一百五十三卷，王嵐《宋人文集編刻流傳叢考》〔註5〕中有如下述評：

> 周必大慶元刻本問世之後，以其收錄全，校勘精，刻印佳，迅速取代了諸舊本，且歷代翻刻不絕如縷，遂成為歐陽脩集的眾多版本中占主導地位的一五三卷系統的祖本。

周必大編纂的一百五十三卷《歐陽文忠公集》刊行之後，遂成為定本。後世刊行的歐陽脩全集，大都以周必大本為祖本。

第二節　李逸安點校的《歐陽修全集》

李逸安點校的《歐陽修全集》（全六冊）是中國古典文學基本叢書之一，由中華書局於二〇〇一年三月出版。〔註6〕該全集附有編者李逸安氏的校點及篇目索引等，因而閱讀方便，以此為文獻依據的研究論文亦甚多。

該李逸安點校的全集之底本，為清代嘉慶二十四年（一八一九），歐陽脩第二十七代孫歐陽衡所編的《歐陽文忠公全集》。該歐陽衡本對周必大本的作品編排順序作了很大變更。如前指出，歷代刊行的各種歐陽脩全集，均以周必大本為祖本；而距周必大本六百多年後編纂的歐陽衡本，則根本是按照後

〔註5〕王嵐《宋人文集編刻流傳叢考》（南京：江蘇古籍出版社，二〇〇三年）。

〔註6〕本節所論以拙稿〈歐陽衡『歐陽文忠公全集』について—中華書局『歐陽修全集』底本選擇の問題點—〉收入《橄欖》第十號（東京：宋代詩文研究會，二〇〇一年）。另參閱筆者對李逸安點校《歐陽修全集》的書評，題為〈『歐陽修全集』—その底本選擇の問題點—〉收入《東方》第兩百五十八號（東京：東方書店，二〇〇二年）。

者的編集方針加以重編，因而可以說：歐陽衡本具有與以往歷代全集本迥然不同的性質。李逸安點校的《歐陽修全集》是以歐陽衡本爲底本，下面將以此問題爲焦點作考察。

　　歐陽衡編纂的《歐陽文忠公全集》一百五十三卷中，卷一至卷五十所配置的，是與周必大本相同的《居士集》五十卷。然而歐陽衡在其「凡例」中寫道：

　　　　原刻未經編年。今惟詩仍其舊。余悉以年月前後爲次，不知者闕之。

歐陽衡本的該五十卷中，除了詩（《居士集》卷一至卷十四）以外，其餘作品都按年代順序編列。如前所述，《居士集》是歐陽脩本人所編，就其中墓誌銘而言，歐陽脩是配置於《居士集》卷二十六至卷三十六。與此對照，歐陽衡本的《居士集》所收墓誌銘，則按照編年順序排列。由此，歐陽脩《居士集》與歐陽衡本《居士集》之間，收錄作品的排列順序即出現相異處。茲列舉兩者間不同於下〔註7〕：

題　　名	歐陽脩《居士集》（卷數）	歐陽衡本《居士集》（卷數）
贈尙書度支員外郎張君墓誌銘	二十六	三十二
江寧府句容縣令贈尙書兵部員外郎王公墓誌銘	二十七	二十八
孫明復先生墓誌銘	二十七	三十
蔡君山墓誌銘	二十八	二十七
黃夢升墓誌銘	二十八	二十七
薛質夫墓誌銘	二十八	二十六
太子中舍王君墓誌銘	二十九	二十七
少府監分司西京裴公墓誌銘	二十九	三十一
尙書工部郎中歐陽公墓誌銘	二十九	三十四
翰林侍讀學士右諫議大夫贈工部侍郎張公墓誌銘	三十	二十九
鎭安軍節度使同中書門下平章事贈中書令諡文簡程公墓誌銘	三十	三十一
太子中舍梅君墓誌銘	三十一	二十八
太常博士尹君墓誌銘	三十一	三十
湖州長史蘇君墓誌銘	三十一	三十

〔註 7〕這裏列出的作品題目，周必大本與歐陽衡本之間時見相異；筆者從歐陽衡本，其明顯訛誤處則從周必大本。

　　墓誌銘之外的作品，歐陽脩《居士集》與歐陽衡本《居士集》之間的排列之異也多處可見。

　　歐陽衡將歐陽脩本人所定《居士集》作品的排列順序加以變更，這表明歐陽衡完全不尊重歐陽脩編集《居士集》的事實。基於此，歐陽衡沿用歐陽脩所編《居士集》的名稱，卻變更其編列次序，這樣的同名可以說既不恰當且毫無意義。同樣使用「居士集」此名的結果，就是讓讀者產生歐陽衡本《居士集》與歐陽脩《居士集》是同一的錯覺，最終導致混亂。

　　歐陽衡本還對周必大等人所編《居士外集》的構成加以大幅變更。周必大本《居士外集》卷二十四收錄近體賦十一篇，而在歐陽衡本《居士外集》中被收錄至卷九；周必大本《居士外集》卷十所收經旨十八篇，在歐陽衡本《居士外集》中則被全體移置於卷十一。此外，周必大本《居士外集》卷十三所收的記二十篇，在歐陽衡本《居士外集》中改置於卷十四；周必大本《居士外集》卷二十一所收祭文六篇，在歐陽衡本《居士外集》中全見於卷二十二；周必大本《居士外集》卷二十三的雜題跋，在歐陽衡本《居士外集》中變至卷二十二；周必大本《居士外集》卷二十一〈歐陽氏圖譜序〉，在歐陽衡本《居士外集》中見於卷二十四；周必大本《居士外集》卷二十二所收《洛陽牡丹記》，在歐陽衡本《居士外集》中見於卷二十五。此外，就同卷收錄篇目而言，其卷內作品排列順序也頻頻更改。

　　更大的變更是，周必大等人編纂全集時，在各卷末尾皆寫有校語（校勘記），其中記錄了當年所做的校勘意見、所循編集方針與所見各種文本間的文字異同。其中包含很多今人無法看到的文獻資料，並且還為後人提供了管窺

當年編集過程一斑的線索。換言之，這些校語涉及今天已經失傳的文獻資料，以及周必大等人當年研討的問題點等，它們足可爲後人閱讀歐陽脩作品提供有益的啓示。然而遺憾的是，在歐陽衡本中，這些文字大多被刪除了。例如周必大本《居士外集》卷九校勘中，關於《正統論》有如下記述：

> 慶曆四年，京師刊《宋文粹》十五卷。皆一時名公之古文，《正統論》
> 七篇在焉。蓋公初本也。《外集》此卷，則公所自改者。至《居士集》
> 十七卷，方爲定本。今並存之，使學者有考焉。

據此可知，《正統論》初稿曾收錄於慶曆四年（一〇四四）刊行的《宋文粹》中，其最終集成的作品（定稿）則收錄於《居士集》。此外尙可知《居士外集》所收錄者，是之前《宋文粹》所收作品的修訂稿，它們是最終定稿之前的文本。歐陽脩《正統論》定稿的形成過程被周必大等人考證過，這一文字記載有益於後人的研究。然而遺憾的是，歐陽衡本卻將周必大等人的上述記載全部刪除了。再者，周必大本《居士外集》卷十二中記載了校勘所用的文本，有承平時印本、石本、恕本等，而在歐陽衡本的相關部分（《居士外集》卷十四）中，這些記載幾乎被全然刪削。其他諸卷中也是如此，例如周必大等人記載了校勘所用的歐陽脩全集的諸本，以及當時各種相關的文集選集等，這些文字在歐陽衡本中也幾乎一概刪削。由於周必大以前的諸本今天多已失傳，因而周必大本的相關記載可謂是珍貴資料，而這些珍貴資料對於歐陽衡本的讀者而言，已經不復可見。對於歐陽脩本人所編《居士集》這部分，周必大等人也曾根據各種資料而加以校勘，並在各卷末尾以校語方式記述，而這些記述的大部分，在歐陽衡本中也被刪削。由此可見，周必大等人的校語中，保存有歐陽脩在世當時的相關資料，涉及今天已不見的文獻，它們的資料價值極高。因而，可以說，將這些珍貴資料作刪削處理的歐陽衡本，其作爲文獻資料的價值是劣化了。

那麼，李逸安氏何以會選擇以歐陽衡本爲底本？其書中前言述其理由如下：

> 筆者們這次整理《歐陽修全集》，選用了清嘉慶二十四年歐陽衡編刻
> 校本作爲底本，不僅僅是考慮到這個本子收文多，流傳廣，影響大，
> 更重要的是它校刻精審，改正了別本的許多舛誤。

歐陽衡本在校訂和版刻方面確實可謂精審，對他本之誤有所訂正也是事實。例如其前言中指出：「卷六十（諸本卷七十五）《三皇設言民不違論》『故言爲教詔』，諸本俱闕『詔』字。」；「卷六十三（諸本卷六十二）《太子賓客分司

西京謝公墓誌銘》『火星見西南方』，諸本『火星』俱作『大星』」等，所舉糾訂計七例。然而，於此進一步考量的話，問題在於：歐陽衡本與諸本在作品編列上相異，該前言中爲避混亂而以「卷六十（諸本卷七十五）」、「卷六十三（諸本卷六十二）」的加括弧方式分別標記。校訂與版刻之精審及糾正諸本字句之誤，這確是歐陽衡本的長處所在。然而，如果以重視歐陽脩編集意圖的周必大本爲底本，在此基礎上也可以參考歐陽衡本以校勘；而特意將與諸本作品編列順序明顯不同的歐陽衡本直接作爲底本使用，其必要性何在呢？

歐陽衡本是基於歐陽衡的見解，在距今約兩百年前對周必大系統本進行更改後的一個版本。因此，無論李逸安本的校勘優良與否，它承接的不過是最初周必大本的支流，且還是經過歐陽衡更改方形成的。李逸安以與周必大本形似而實非的歐陽衡本爲底本，相比於作爲源流所出的周必大本，無可否認在資料價值上已是低劣很多。

正是在選擇歐陽衡本作爲底本這一關鍵點上，李逸安點校的《歐陽修全集》有不小的問題。

第三節　李之亮箋注的《歐陽修集編年箋注》

李之亮箋注的《歐陽修集編年箋注》（第一冊～第八冊），由巴蜀書社二〇〇七年十二月出版。〔註8〕據李之亮此書（以下簡稱李書）前言，其所用底本爲《四部叢刊》本，作爲校勘使用的有《四庫全書》本、慶元二年周必大編刻本，以及前節所述李逸安點校《歐陽修全集》時選爲底本的清代嘉慶二十四年歐陽衡刻本。雖然該前言說明到使用了慶元二年（一一九六）的周必大編刻本，然而筆者調查後發現，李之亮箋注是否果眞使用過該書，極有疑問。

目前可以查閱到的作爲慶元二年周必大編刻本的候補本當有：中國國家圖書館所藏《歐陽文忠公集》（國圖本，現存一百二十三卷）、天理大學附屬天理圖書館所藏《歐陽文忠公集》（天理本，現存一百三十一卷）、〔註9〕宮內

〔註8〕本節所論基於拙稿《エネルギッシュな編纂のかげで——李之亮箋注『歐陽脩集編年箋注』の杜撰さについて》收入《東方》第三百四十七號（東京：東方書店，二〇一〇年）。

〔註9〕天理本爲南宋刊本，其來由爲：在周必大等人慶元二年（一一九六）編纂的《歐陽文忠公集》基礎上，周必大之子周倫於開禧年間（一二〇五～一二〇七）加以修訂而形成（參見本書前篇第六章）。

廳書陵部所藏《歐陽文忠公集》（宮內廳本，現存六十七卷）、中國國家圖書館所藏《歐陽文忠公集》（鄧邦述跋本，存四卷〔卷二十～卷二十三〕）、臺灣中央圖書館所藏本第一冊（《歐陽文忠公集》存三卷，則指卷百七～卷百九）、臺灣中央圖書館所藏本第二冊（《歐陽文忠公集》存五卷，則指〈居士集目錄〉卷四十一～卷四十四）、臺灣中央圖書館所藏本第三冊（《歐陽文忠公集》存一卷則指卷九十七）等。其中鄧邦述跋本及臺灣中央圖書館所藏本第一～三冊，實際現存者僅爲一卷至五卷，因而相對於總計一百五十三卷之全集的校勘工作，其卷數甚少而不適合。因此，如果要以周必大本作爲校勘用本，惟有在國圖本、天理本、宮內廳本的三者間選擇。然而，通觀李之亮《歐陽修集編年箋注》，該三者中的任何一種，都難以認定被使用過。例如《居士集》卷三十五《集賢院學士劉公墓誌銘》的「權判三司開拆司」句，在作爲底本的《四部叢刊》本中，「拆」字作「坼」，國圖本、宮內廳本也作「坼」（天理本的該部分爲缺本）。據此可見，李之亮該箋注並未使用周必大本的國圖本與宮內廳本。順便指出，歐陽衡本的該句與李之亮校箋同作「拆」。

次之，《居士外集》卷八〈會聖宮頌〉的「伏惟皇帝陛下以神聖至德」句的「至德」，李之亮的校勘曰：「原本『至』字爲墨丁，據周本補」。該處在原本的《四部叢刊》本中確爲墨丁，國圖本中亦爲墨丁，然而天理本中作空格，宮內廳本缺該卷。由此可見，李之亮所謂「據周本補」的所據周必大本，並非國圖本或天理本。順便指出，該句作「至」的是歐陽衡本。

還有一例，《居士外集》卷十三〈河南府重修淨垢院記〉的「歎其空闊」句，李之亮校勘曰：「原本『闊』字爲墨丁，據周本、歐陽衡本補」。而原本的《四部叢刊》本中「闊」字並非墨丁，而作空格；國圖本、宮內廳本於此爲缺本而無以核對；天理本中是墨丁，因而可以確認李之亮此處所據亦非周本（此處指天理本）。順便指出，該句有「闊」字的是歐陽衡本。

由此可見，李書所謂「據周本」（周必大本）處，實際卻與屬於周必大本系統的國圖本、天理本或宮內廳本的任何一種都不相符。李書所謂的所據版本，管見所及並不存在。進而言之，從前述所舉數例看，李之亮箋注所謂「據周本」，很可能正是歐陽衡本。

再試對《歐陽修集編年箋注》的文本略作具體考察。例如《居士集》卷十六《或問》的文本中有「又有偏主一德之說」句。在底本的《四部叢刊》本中，該句未有「偏主」，而作「偏王」。國圖本、天理本亦作「偏王」。作「偏

「主」的乃是清代《四庫全書》本與歐陽衡本。李之亮於此校勘來由完全未置一詞；並且，對其所據底本《四部叢刊》本未見「偏主」，而採用「偏主」一詞所據之理由為何卻毫無說明。

　　除此外，還可見《居士集》卷十七〈本論上〉與〈本論下〉，在底本的《四部叢刊》本中，卷末有校語：「朝佐考〈本論〉初有上中下篇。此卷所載，即中下二篇。其上篇編《居士集》時雖削去而傳於世。今附外集。」朝佐者，丁朝佐，南宋周必大本的編纂人。丁朝佐在周必大本編纂期間記此校語，據此校語可知：〈本論〉作品當初包括上、中、下三篇，歐陽脩編《居士集》時刪削了其中的上篇，保留的中、下兩篇改作上、下篇，收錄於《居士集》；而最初的上篇，後來由周必大等收錄於《居士外集》。該校語對於管窺歐陽脩編纂《居士集》的具體過程，堪稱重要。該校語在李之亮作為底本的《四部叢刊》本中依然可見，然而李之亮該書卻將之刪削了。

　　且在《居士外集》卷七〈和子履遊泗上雍家園〉之卷末，尚有周必大等人的如下校語：

> 右雍家園詩，吉、綿、閩本皆入公《外集》，而王荊公《四家詩選》
> 亦有之。今乃載蘇子美《滄浪集》，後人安得不疑。或謂公親作《滄
> 浪集序》，不應誤雜己詩，可以無疑。姑附見於此。

該校語中，周必大等認為〈和子履遊泗上雍家園〉一詩很可能並非歐陽脩作品，而為蘇舜欽所作。因為該詩亦見於蘇舜欽《滄浪集》，且《滄浪集》中有歐陽脩寫的序文，則歐陽脩瀏覽過《滄浪集》當屬無疑。因此，歐陽脩不會將自己作品雜入《滄浪集》；該詩無疑為蘇舜欽所作，而姑且將之編附於《外集》中。這段校語對於判斷該詩是否為歐陽脩作品，可謂提供了極有力之證據。然而，保存在《四部叢刊》本中的這段校語，在以《四部叢刊》本為底本的李之亮箋注本中，卻被刪除。周必大等的校語遍附於其所編歐陽脩全集的各卷之末，而在李之亮箋注中，它們幾乎全然被刪削。而之所以刪削的理由，在該書前言等所有說明文字中都未見交代，實在令讀者費解。

　　再者，《居士集》卷十七〈本論上〉，在底本的《四部叢刊》本中，原文「又曰吾將有說以排之」後面插有小字注文「一有何其不思之甚也七字」。該部分在國圖本、天理本中，以及被李之亮用作校勘的《四庫全書》本、歐陽衡本等中，所有文本都同為插入小字注文的方式。而李書中，插入小字注文的方式卻不見了，轉成「又曰吾將有說以排之。何其不思之甚也」的正文敘

述句。將小字插入的注釋改爲正文文字，這在以往任何版本中都未見先例。
而李之亮氏對其如此改動也未作任何說明。

　　同樣的，在《居士外集》卷九《後魏論》中「聖人有所不取也」句，底
本卷末校語有：「此下一有天地之生萬物也，人以聰明而爲貴。人之分四夷也，
中國以有禮儀而爲貴。故以其貴者治賤者爲順，以賤者幹貴者爲逆。聖人之
推與善之誠，夷狄而慕中國，則進之。夫進夷狄於中國，幸矣，遂以幹帝王
之統，其可夫八十八字」。而在李書中，「天地之生萬物也～其可夫」的大段
文字，卻被從卷末移至正文，插於「聖人有所不取也」的後面，變成正文的
敘述文字。與此形成鮮明對照的不僅是底本，而且在國圖本與天理本，以及
《四庫全書》本與歐陽衡本中，該段文字皆在卷末校語中。換言之，李之亮
的如此移置改動，在其用作底本與校勘本的任何版本中都未見所據，而其也
未作任何說明。

　　此外，《居士外集》卷五的「鶤鵠」題目，底本在其後有注「一作鵠」。
國圖本及其他諸本皆有此「鵠」注，李書卻將此題目改爲「鶤鵠」，其理由也
毫無說明。如此之類、在底本或各校勘本中作爲注文標記的「一有」或「一
作」等，在李書中，不加任何說明地頻頻更改，或改爲正文，或替作標題。
在以往任何版本中都未見的這一系列更改，實在是有很大的問題。

　　再舉一例，《集古錄跋尾》卷一《前漢穀口銅甬銘》中的「原父以今權量
校之，容三斗，重十五斤」，李書中「容三斗」三字脫，變爲「原父以今權量
校之，重十五斤」。該部分在底本的《四部叢刊》本以及其他諸本中，皆有「容
三斗」記載。並且，從其上文「穀口銅甬容十斗，重四十斤」的相關記述看，
「容三斗」三字也顯然是必要的。該三字的脫落不僅是校勘水準的問題，更
是習於杜撰而導致的。

　　再如《居士外集》卷二〈罷官後初還襄城弊居述懷十韻回寄洛中舊寮〉
詩題，該書中變爲〈罷官後初還襄城述懷十韻〉，「弊居」與「回寄洛中舊寮」
脫落。《居士外集》卷二〈新營小齋鑿地爐輒成五言三十七韻〉詩題，該書
中變爲〈新營小宅鑿地爐輒成五言三十七韻〉，「齋」字作成「宅」了。《居
士外集》卷一〈天門泉〉標題下，原注有「舊號救命泉，惡其名鄙，因取美
名，書爲續命泉，人書一字，立於泉側」。李書中，「人書一字」作成「大書
三字」；後者於底本及周必大本皆未之見，歐陽衡本有此變更，而李氏未作
任何說明，就將「惡其名鄙」的「鄙」字脫落。此類的文字脫落或訛誤，稍

加注意即可避免。於此可見，該書作者在編纂過程中的隨意杜撰嚴重到了何種地步。

更令人感到驚愕的是《歐陽修集編年箋注》的構成。其前言中有如下記述：

底本原編是一百五十三卷，其中第八十一卷後面有《外制拾遺》一部分，附在卷後。本書在編纂時考慮到它的獨立性，將這一部分移出，別編爲一卷，厘次爲八十一卷。這樣一來，此下七十餘卷就和原本卷次不相符合。也就是説，原本的第八十二卷，在本書中編爲第八十三卷，以下依此序類推，最後以一百五十四卷告結。

最初的周必大本是一百五十三卷，後來循此最初本的《四部叢刊》本、《四庫全書》本，乃至包括對周必大本加以變更的歐陽衡本，所有版本在整體構成上都無例外地是一百五十三卷。惟獨在李書中，整體構成變更爲一百五十四卷。李書將原本卷八十一後半所收《外制拾遺》十五篇割取後，單獨另立爲卷，遂成新出卷八十二。因此之故，後面各卷的卷數序號逐次後退，合計總數比以往所有版本卷數多出一卷。如前已述，在周必大等人編纂《歐陽文忠公集》的一百五十三卷中，其構成順序依次是：《居士集》五十卷，《居士外集》二十五卷，《易童子問》三卷，《外制集》三卷，《內制集》八卷，《表奏書啓四六集》七卷，《奏議集》十八卷，《雜著述》十九卷，《集古錄跋尾》十卷，《書簡》十卷。其中卷七十九至卷八十一的三卷分別爲《外制集》卷一、卷二、卷三。如前已述，該《外制集》是歐陽脩本人生前所編。周必大等人在編纂《歐陽文忠公集》時，發現了《外制集》未予收錄的相關作品，遂將這些新發現的作品集爲一體。但是他並沒有將之作爲獨立一卷，而是標以《外制拾遺》題目，作爲附錄列爲原先《外制集》卷三的後半部分。換言之，周必大等人對歐陽脩所編《外制集》持尊重態度，而決不輕易改變歐陽脩編定的卷數構成。這種尊重之態度堪稱良識。然而，李之亮氏卻完全無視著作者歐陽脩的編纂意圖，將原本三卷的《外制集》變更爲四卷，更將該第四卷配置於《歐陽文忠公集》卷八十二處，因此之故，全集卷數多出一卷，即由一百五十三卷變更爲一百五十四卷了。這不僅對歐陽脩的編纂意圖持輕率態度，而且無視於周必大所編《歐陽文忠公集》的一百五十三卷之構成。況且，根據其所據底本《四部叢刊》本卷八十一（《外制集》卷三）之卷末校語，《外制拾遺》十五篇是否皆爲歐陽脩所作，也是頗有疑問的。由此的問題是，李之亮氏何以偏偏要將《外制拾遺》獨立成一卷，實在是令人費解。

　　就李書之特色而言，如其書名《歐陽修集編年箋注》所示，當是在於對歐陽脩作品的編年問題有所研討。然而即便從編年角度看，該書問題也很大。其前言中有如下之語：

但在箋注過程中，也發現數篇詩文的原注年月有些謬誤，凡屬此類，

均予以重新繫年，並說明緣由根據。

在周必大等人所編《歐陽文忠公集》中，作品之寫作年份可以確認者，於目次的該作品題下有標記文字。李之亮氏對其發現年份可疑者，其所定方針是給出新的編年，並說明理由所據。然而這一方針是否切實貫徹卻大爲可疑。例如，《居士外集》卷三〈石篆詩〉，周必大等標記爲慶曆五年，李之亮改作慶曆六年；而與前言所說方針不同的是，全然未說明改標年份的理由。另外，同屬《居士外集》的卷四〈擬剝啄行寄趙少師〉，周必大等標記爲熙寧五年，李之亮則標作熙寧四年，其理由也未見所述。還有，《居士外集》卷六〈贈歌者〉，周必大等標爲慶曆八年，李氏還是未述理由地改作慶曆七年。如此等等，在李書中，隨意變更周必大本的作品繫年而未加說明的事例，爲數不少。對於周必大等未能確定年份的作品，李之亮氏也多處加以標寫獨自發明的年份。如《居士外集》卷二〈戲贈〉、《居士外集》卷三〈書宜城修木渠記後奉呈朱寺丞〉、《居士外集》卷四〈眼有黑花戲書自遣〉、《居士外集》卷五〈南征道寄相送者〉、《居士外集》卷六〈和梅聖俞杏花〉、《居士外集》卷七〈贈潘道士〉等等。李之亮氏將其獨創的寫作年份加以標寫，而於理由卻全然未作說明，其動機實在令人難以理解。

　　因此之故，其新標年份究竟是否正確，給讀者帶來了深深的不安。如《居士外集》卷二十三〈記舊本韓文後〉的寫作年份，李之亮氏未明理由而加寫爲「嘉祐三年任翰林學士時作」。而從該文中「舉進士及第……至於今蓋三十餘年矣」的記敘文字考察，歐陽脩進士及第是在天聖九年（一〇三一），其歷「三十餘年」後的年份當在嘉祐六年（一〇六一）之後。由此可見，李之亮氏所新標「嘉祐三年」（一〇五八），與該作品敘事本身所提供的寫作年份之依據，顯然不符。再者，《居士外集》卷二〈與李獻臣宋子京春集東園得節字〉，周必大等未標記寫作年份，而李之亮未明理由地標爲「景祐元年任館閣校勘時作」。然而，洪本健氏於此詩，據宋祁《景文集》卷五《春集東園詩》記述，而作慶曆元年（一〇四一）。〔註10〕可以認爲該詩實際所作年份並非李之亮氏

〔註10〕　參見下節所論洪本健校箋《歐陽修詩文集校箋》。

所斷言的「景祐元年」（一○三四），而爲洪本健氏所言「慶曆元年」。更嚴重的是，《居士外集》卷二〈晚泊岳陽〉，李之亮氏寫爲景祐四年赴夷陵時作，其理由爲「本書卷一二六《于役志》『（九月）己卯，至岳陽，夷陵縣吏來接，泊城外』」。該理由確實不錯，不過《于役志》爲歐陽脩左遷夷陵時的途中記事，而歐陽脩左遷夷陵是在景祐三年（一○三六）。從而，《于役志》當是作於景祐三年。以《于役志》記載爲基本依據，則該詩當然也是作於景祐三年。將《于役志》寫作年份的常識搞錯，這樣的低級錯誤，應該是沒有辯解餘地的。

筆者對李之亮氏《歐陽修集編年箋注》並未作全部考察，所研討確認的只是其中的十餘卷。在此範圍之外當還有很多疑問點。不難想見，如果對其書全體各卷都逐一考量的話，疑問之點與訛誤之處在數量上是否會急劇膨大，這實在是個令人感覺擔憂的問題。

第四節　洪本健校箋的《歐陽修詩文集校箋》

洪本健校箋的《歐陽修詩文集校箋》（上、中、下），作爲中國古典文學叢書之一，於二○○九年八月由上海古籍出版社出版。〔註11〕洪本健此書（以下簡稱洪書）所集對象爲《歐陽文忠公集》的《居士集》（五十卷）與《居士外集》（二十五卷），合計七十五卷的這部分；並對其中收錄的一千三百十餘篇詩文，全部作了箋注。

洪書的底本爲《四部叢刊》本。這是個有慧識的選擇。因爲《四部叢刊》本屬於周必大本系統，歷來的文本多是以此爲原初本，並且入手方便；迄今的研究成果中也多以《四部叢刊》本爲基礎文獻。然而，《四部叢刊》本爲明刻本〔註12〕，與周必大本當初刊行的南宋有較大的時代懸隔，因而在文本的可信度方面略有不足。爲此，洪本健氏在校勘上使用了天理大學附屬天理圖書館所藏的南宋本《歐陽文忠公集》。〔註13〕可以說，這是迄今歐陽脩全集的

〔註11〕　本節所論基於拙稿《歐陽修詩文集の決定版》，收入《東方》第三四五號（東京：東方書店，二○○九年）。

〔註12〕　《四部叢刊》本的封面背後標有「上海涵芬樓景印元刊本」，因而一直被認爲是元刊本。而實際爲明刊本。參閱森山秀二〈元刊本『歐陽文忠公集』を巡って〉收入《經濟學季報》第五十一卷第一號（東京：立正大學，二○○一年）。

〔註13〕　參見〔註9〕。

相關整理研究中鮮有的一大特色。將該天理本用於校勘，使得洪書的文本價值也高出一籌。由於使用天理本而獲的新知新見，該書前言中特舉數例以說明。例如《居士集》卷十二《送謝中舍二首》，《四部叢刊》本中無校語，而天理本則有校語記曰：「掇英集作送謝縝知餘姚。送一作寄」。更有按語：「詩末句離觴莫惜更留連，一作寄，恐非。十一卷謝判官幽谷種花詩，又，答謝判官獨遊幽谷見寄，即縝也。」據此天理本記載可知，謝中舍即謝判官，其名爲縝。且還基於天理本校勘而糾正《四部叢刊》本之誤的例項，如《居士集》卷三《豐樂亭小飲》，《四部叢刊》本「有酒莫負瑠琉鐘」句，其中「瑠琉」在天理本中爲「瑠璃」，顯然正確的是後者。同類例項多處可見。因此，洪書以源於周必大本的天理本爲校勘本，實爲一大特色。此外，洪書用於校勘的還包括曾魯的考異本、《四部備要》本、歐陽衡本等，在校勘方面極爲周到細緻。

　　該書還有一個特色，即詩文作品繫年方面的準確性。關於歐陽脩詩文的寫作年份，周必大等人在編集《歐陽文忠公集》時，已經在目次各題下有所標出。由於周本編集時間距歐陽脩去世已經相隔百年以上，周必大等人當年留下了很多難以確定寫作年份的作品；即便已經被其標記年份的作品，也不能排除包含誤斷的可能。然而研究者們一般都是以流傳至今的最初文本即周必大等人所編《歐陽文忠公集》中標記的年份爲依據，來判斷周必大所確定的寫作年份，並以此爲基礎討論。

　　而在洪書中，時見對周必大等人所認定之寫作年份的糾正，更有對周必大等人未能確認之寫作年份的補正。在這方面，與前面所述李之亮氏明顯不同的是，洪本健氏不僅明確給出依據，而且其理由非常有說服力。就對周必大等人所標年份的糾正而言，例如《居士外集》卷十九〈與樂秀才第一書〉，該書在箋注中指出了周必大等題注「景祐三年」之誤，並舉〈與樂秀才第一書〉的如下記述：

　　　自冬涉春，陰泄不止，夷陵水土之氣，比類作疾，又苦多事，是以
　　　闋然。

歐陽脩左遷夷陵是在景祐三年之冬。上引該文記有「自冬涉春」，洪本健氏據此斷其寫作年份爲景祐四年，而於箋注中寫道：「已是景祐四年（一〇三七），此書即是年作」，明確指出了周必大等所記寫作年份的失誤。此外，周必大等未確認寫作年份的作品方面，如《居士外集》卷十四〈送孫屯田序〉，洪書根

據《宋史‧孫祖德傳》的記述，且結合朱東潤編年校注的《梅堯臣集編年校注》（上海：上海古籍出版社，一九八○年）卷一中，《孫屯田召為禦史》被編年於天聖九年的記載，而確定〈送孫屯田序〉的寫作年份。洪本健氏的箋注曰：「原未繫年，當為天聖九年（一○三一）作」。其他如《居士外集》卷十三〈樊侯廟災記〉一文，洪書據其文所述內容，結合《續資治通鑒長編》的相關記事印證考察，而推定其寫作年份在明道二年。周必大等未能標出的寫作年份，該書運用數量眾多的文獻資料而加以確定。確定古代詩文作品之寫作年份的考證工作，或許很難完全避免給人以牽強附會的感覺。然而洪本健氏在這方面，是基於很多資料證據的；並且在難以找到資料證據的情況下，並不強下斷語，而以「作年不詳」記之。於此可見，洪本健氏在確認寫作年份時的實證精神。

洪書前言寫道：「本書以叢刊本為底本，故校記中凡書『某：原校：一作某』、『卷後原校：某本作某』者，皆出自底本。」周必大等編纂全集時在各卷末所附的校語，在後繼本的《四部叢刊》本中依然保存。後者是洪本健氏所用底本，但是洪書並沒有將各卷末周必大等的校語作刪削處理，而是採入校記中，使之傳達於讀者。洪書的這種編纂方針，與前述李逸安氏點校《歐陽脩全集》、李之亮氏箋注《歐陽修集編年箋注》中，幾乎全然刪削周必大等校語的做法，形成了鮮明對照。

但是，洪書只收錄整理了《居士集》五十卷與《居士外集》二十五卷共七十五卷部分，周必大本《歐陽文忠公集》一百五十三卷裏尚有七十八卷未予收錄，卻是一大遺憾。

第五節　與新發現書簡九十六篇之關聯

上述三種歐陽脩的全集，即李逸安《歐陽修全集》、李之亮《歐陽修集編年箋注》和洪本健《歐陽修詩文集校箋》，它們都沒能收錄筆者此次發現的九十六篇書簡。因此，今後進行全集補訂之時，當考慮收錄此九十六篇書簡為宜。

那麼，這九十六篇書簡當收錄何處為佳呢？作為補遺總附在全集末尾當然可行，但如收在《歐陽文忠公集》的書簡部分（卷一百四十四～一百五十三）則更為妥帖。因為新發現書簡本身就是附在作為南宋本的天理本《歐陽

文忠公集》的《書簡》部分之後的，爲與原編纂形式保持一致，考慮收錄在《書簡》部分仍是最恰當的。

　　新發現書簡，在天理本《歐陽文忠公集》卷一百四十四～一百五十三的《書簡》十卷中，具體收錄情況如下：

　　　《書簡》卷二　　　　三十九篇
　　　《書簡》卷三　　　　兩篇
　　　《書簡》卷五　　　　十四篇
　　　《書簡》卷六　　　　一篇
　　　《書簡》卷七　　　　兩篇
　　　《書簡》卷八　　　　十二篇
　　　《書簡》卷九　　　　二十二篇
　　　《書簡》卷十　　　　四篇

　　在《歐陽文忠公集》的《書簡》部分，新發現書簡被添加進去時，是把收信人相同的書簡歸到同一卷裡。例如，卷二後所添加的新發現書簡，是寫給呂公著、孫沔、王安石、韓維、韓絳等人的，而在卷二的《書簡》本編部分所收錄的書簡，同樣是寫給這些人的。

　　全集的《書簡》部分，在對新發現書簡進行收錄時，問題最大的，應該會是以歐陽衡本爲底本的李逸安點校《歐陽修全集》。如前所述，在周必大原刻本完成六百多年以後編纂的歐陽衡本，則是按照歐陽衡的編集方針加以重編。歐陽衡變更了最初歐陽脩所定作品整體的配列，以及各卷作品間的位置等。換言之，歐陽衡本是對周必大原刻本進行了改動的一個新版本。李逸安點校的《歐陽修全集》，雖在糾正以往諸本錯誤，以及校勘嚴謹方面值得肯定，但其以歐陽衡本爲底本的選擇卻大有問題。歐陽衡本的《書簡》部分，改變了周必大本《歐陽文忠公集》的排列順序，按照編年來對作品進行重新編纂。但是，新發現書簡九十六篇的大部分寫作年月不明，所以，這部分新發現書簡，很難收入據編年而纂成的歐陽衡本的《書簡》部分。以歐陽衡本爲底本的李逸安點校本《歐陽修全集》，其問題點，此時凸顯出來。

　　與李逸安不同，洪本健在其《歐陽修詩文集校箋》前言中寫道：「總之，原本部分注意保持周必大的原貌。」保持周必大本原貌，是洪書編纂所循的基本方針。這一編纂方針也理應是後人編修箋注歐陽脩全集工作的基本原則。因爲作爲歐陽脩的全集，選取以保持了歐陽脩編定原貌的周必大本爲底

本，可說是極其重要的原則。所以，以此編纂方針來看的話，此次新發現的書簡，收入這一《書簡》部分，應是比較合適的。因而，結合歐陽脩全集的形成過程來看，本文所舉的三種歐陽脩全集中，洪本健的《歐陽修詩文集校箋》的編纂方針是最為可取的。但是洪書只整理編集了《居士集》五十卷與《居士外集》二十五卷的共七十五卷部分，周必大本一百五十三卷中，尚有包括《書簡》部分的七十八卷未予以整理出版。

誠如本章所考察，李之亮的《歐陽修集編年箋注》有相當多的問題。李之亮氏至今還在不斷整理編纂北宋文人的別集，已出版者如：二〇〇〇年有徐正英合著《安陽集編年箋注》（成都，巴蜀書社），二〇〇二年有《王荊公詩注補箋》（成都，巴蜀書社），二〇〇五年有《王荊公文集箋注》（成都，巴蜀書社），二〇〇九年更有《司馬溫公編年箋注》（成都，巴蜀書社）、《蘇軾文集編年箋注》（成都，巴蜀書社）。就其中《王荊公詩注補箋》而言，高克勤氏在〈莫把「貢禹」改「禹貢」──評李之亮《王荊公詩注補箋》的疏誤〉〔註14〕一文中，已經明白指出其誤字、脫字、校勘的杜撰、編纂者的知識錯誤等問題。另外，關於《司馬溫公編年箋注》，中尾健一郎在《東方》第三百五十六號中〔註15〕，指出其註釋的錯誤與不明，以及作品繫年的問題等。如此來看，李之亮所編一連串的宋人別集，其水準之低，是必須引起學者注意的。至少，《歐陽修集編年箋注》一書編纂中的杜撰性是毫無疑問的。因此在九十六書簡補入之前，李之亮氏必須對其編集工作進行重新修訂。

欲作為收錄此次發現的歐陽脩九十六篇書簡的全集，還是以保持當時原貌的形式最為恰當。所以今後出版的歐陽脩全集，最佳形態應是以含有九十六篇書簡的天理本為底本，輔以國家圖書館所藏諸南宋本《歐陽文忠公集》等版本為校本，進而校勘形成的一個新的全集版本。

〔註14〕收入《文藝研究》第八期（上海：上海古籍出版社，二〇〇八年）。
〔註15〕參考中尾健一郎〈繫年考証のむずかしさ──李之亮箋注『司馬溫公編年箋注』讀後〉收入《東方》第三百五十六號（東京：東方書店，二〇一〇年）。

後　記

　　本書將迄今不爲人所知的九十六篇歐陽脩書簡整理公開，並以書簡相關的研究爲中心，再加上筆者以往的歐陽脩研究論文，編成此書。

　　筆者注意到這九十六篇歐陽脩書簡的存在，是在二〇一〇年六月。從九州大學碩士階段開始至今，研究歐陽脩已近三十年，卻從未料想過：生於千年之前的歐陽脩，還有一批書簡未被大家發現。

　　在發現之初，完全難以置信，以至於徹夜興奮難眠。接下來，筆者查閱了各種資料，並且爲了確認它們是否眞的爲一批未知書簡，又來到了北京的國家圖書館進行調查。因在國家圖書館裡，藏有十冊南宋本《歐陽文忠公集》，在沒有對它們進行詳細調查之前，不敢輕易得出那些書簡爲未知書簡這一結論。通過在北京的國家圖書館的調查，證實了這九十六篇書簡，確爲未發現書簡。回國後，我又調閱日本靜嘉堂文庫的相關資料，作了進一步的研究，弄清了這九十六篇書簡爲何未被發現、又爲何存在於天理本《歐陽文忠公集》中的原委，同時對書簡內容進行了具體考察，最後在二〇一一年十月召開的日本中國學會上，做了題爲《關於歐陽脩九十六篇書簡的發現》的研究發表。此次大會發表，備受矚目。日本朝日新聞、每日新聞、讀賣新聞、日經新聞、西日本新聞等主要媒體，以及時事通信和共同通信等通訊社，都對筆者發現歐陽脩九十六篇未見書簡進行了特別報導。

　　接著，中國官方媒體新華社也對此次發現進行了報導，受之影響，長江日報、遼寧日報、廣州日報、瀟湘晨報、陝西日報、羊城晚報、東楚晚報、文匯報、香港文匯報等多家新聞媒體紛紛轉載報導此事，人民網和新民網等網絡媒體也競相報導，讓此次新發現在中國引起了巨大反響。此後，此事便

一直被網絡所關注。例如，二〇一一年十一月十五日人民網發表文章《國寶級文物歐陽脩九十六篇書信現日本》。在日本中國學會上發表結束的第二天，人民日報東京支局局長便要求過來採訪，並於十月十四日來到九州大學本部對筆者進行了採訪。此次採訪內容，刊登在二〇一一年十一月十四日的人民日報上。十二月，光明日報東京支局局長也前來採訪，因採訪是在研究室進行，所以可以向其展示實物，並進行了非常具體的說明。這次採訪內容，和研究室的資料照片，一併刊登在了二〇一二年一月七日的光明日報上。二〇一二年五月的《武漢大學學報》裡，在〈新發現歐陽脩書簡研究專題〉的特集中，刊登了四篇中國學者關於此次新發現書簡的研究論文。中國大陸和台灣，還有馬來西亞的學者，也都致信前來詢問此事。此次發現，之所以不僅在日本同時也在海外引起巨大反響，大致想來，首先是因為千年前的偉人歐陽脩竟還有一批書簡未被發現，確實讓人震驚；而且書簡的數量多達九十六篇，給人的衝擊巨大；加之不是在中國本土，而是在日本被發現，這也讓人感到相當意外。

本書的出版，讓歐陽脩不為人知的九十六篇書簡在台灣得以公開，這對以後研究這批書簡，和推進歐陽脩相關研究，皆應大有裨益。作為一名歐陽脩研究學者，通過此次發現全然不為世人所知的九十六篇書簡，能在歐陽脩研究史上留下自己的印跡，當是十分高興的事。

最後，本書出版得到了國立台灣大學博士班學生楊雨樵、國立大學法人九州大學大學院博士課程李祥兩位同學的大力協助，多所更正，國立台灣大學博士班恩塚貴子同學對本書的出版也提供了多方面的幫助，謹誌於此，以對各同仁表由衷之敬意與謝忱。

二〇一四年七月　國立大學法人九州大學大學院比較社會文化研究院
東　英寿